Ina Rudolph

Ich will mich ja selbst lieben,
aber muss ich mich dafür ändern?

W0179324

(G) GOLDMANN
Lesen erleben

INA RUDOLPH

Ich will mich ja selbst lieben,

aber muss ich mich
dafür ändern?

GOLDMANN

Dieses Buch ist auch als E-Book erhältlich.

MIX
Papier aus verantwor-
tungsvollen Quellen
FSC   FSC® C083411
www.fsc.org

Verlagsgruppe Random House FSC® N001967

1. Auflage
Originalausgabe
Copyright © 2017 Wilhelm Goldmann Verlag, München,
in der Verlagsgruppe Random House GmbH,
Neumarkter Str. 28, 81673 München
Umschlaggestaltung: Uno Werbeagentur, München
Zeichnungen: Ina Rudolph
Lektorat: Anne Nordmann, Berlin
SSt · Herstellung: cb
Satz: Uhl + Massopust, Aalen
Druck und Bindung: CPI books GmbH, Leck
Printed in Germany
ISBN: 978-3-442-22207-0

www.goldmann-verlag.de

Inhaltsverzeichnis

Vorwort

*N*icht alles, was wir glauben, ist auch wahr.

Ich bekomme nichts hin!
Ich bin zu dick / zu dünn!
Ich bin zu faul / zu ehrgeizig!
Ich sollte mal lockerlassen können!
Ich bin nicht gut genug!
Mit mir stimmt was nicht!
Ich müsste anders sein, als ich bin!

Wie fühlt es sich an, wenn Sie sich Vorwürfe machen, streng mit sich sind und sich kritisieren? Ist Ihr Leben dadurch besser geworden? Liebevoller? Und können Sie sich wirklich sicher sein, dass diese Gedanken wahr sind?

Wenn Sie solchen Gedanken glauben, können Sie Ihre eigene Schönheit nicht wahrnehmen, sehen nicht, wo Sie genug sind, liebevoll und genau richtig, so, wie Sie sind. Diese Gedanken verwehren Ihnen den Eintritt ins Paradies und stressen Sie unnötig.

In diesem Buch zeige ich Ihnen, wie Sie solche Glaubenssätze finden, überprüfen und auflösen können. Wie Sie bessere Perspektiven finden als Kummer und Schmerz. Glauben Sie Ihren stressigen Gedanken nicht mehr, löst sich auch die Härte gegen Sie selbst und andere Menschen auf. Ihr Blick weitet sich und Sie sehen Perspektiven, die vorher auch schon da waren, die Sie aus Ihrer verengten Wahrnehmung jedoch nicht sehen konnten.

Mit einem freundlichen Blick auf sich selbst können Sie entspannen. Ihr Leben mit Freude angehen. Spüren, wie gut es Ihnen geht. Sie empfinden Ihre Welt als reich, voller Möglichkeiten, und das ist auch wahr. Von diesem Lebensgefühl aus können Sie in ein schönes Leben starten. Und was immer Sie vorhaben, wird Ihnen eher gelingen! Los geht's!

Einleitung:
Zur Methode »The Work«
von Byron Katie

*E*in Gedanke ist erst einmal nur ein Gedanke. Ein formloses, flüchtiges Etwas, das erst Auswirkungen auf mich hat, wenn ich anfange, es zu glauben. Diese Gedanken können mir bekannt sein oder auch in den Tiefen meines Unterbewusstseins vergraben sein. In beiden Fällen beeinflussen sie meine Einschätzung von Dingen und Menschen, die mir begegnen. Genauso, wie meine Einschätzung von mir selbst. Glaube ich zum Beispiel, ich müsste ein liebenswerterer Mensch sein, ist die Wahrscheinlichkeit hoch, dass ich Gefühle wie Unzufriedenheit oder Ärger spüre, wenn ich mein Handeln mal wieder als »nicht liebevoll genug« einschätze. Dann glaube ich vielleicht auch, dass ich mich erst ändern muss, bevor ich mich lieben kann. Dies ist ein guter Weg, das Glück und die Liebe immer auf morgen zu verschieben und wieder auf morgen, auf nächste Woche oder auf nie.

Was sind Ihre Gedanken? Worauf warten Sie noch?

Ich kann mich erst lieben, wenn ich ....

Und kennen Sie diese Gedanken auch in der Projektion auf andere Menschen?

Ich kann dich erst lieben, wenn du ……………………..

Welches sind Ihre kritischen Gedanken, die Sie davon abhalten, sich selbst freundlich zu begegnen? Und kann man die jemals loswerden?

Loswerden kann man seine Gedanken wohl nicht. Es sei denn für kurze Zeit in Meditation, in Gefahrensituationen oder mit einer ordentlichen Portion Alkohol oder anderen Drogen. Hirnforscher sagen, wir haben sechzig- bis achtzigtausend Gedanken am Tag. Diese Gedanken tauchen in einer unkontrollierbaren Geschwindigkeit auf und lassen sich nicht abstellen. Aber – ich kann den Gedanken freundlich begegnen. Und die, die Angst auslösen, Ärger, Frust und Enttäuschung kann ich überprüfen. Wir haben diese Gedanken irgendwann einmal gehört oder gelesen, eventuell in der Kindheit, von den Eltern oder Großeltern, den Erziehern oder Lehrern. Aus den Medien vielleicht. Und manchmal bauen wir daraus Konstrukte, die nirgendwo anders existieren als in unserem Kopf. Wir interpretieren, bewerten, befürchten. Alles erstmal nur Gedanken.

So, wie ich überprüfen kann, welche Lebensmittel ich wirklich vertrage oder welche Menschen und Dinge mir wirklich gut tun, kann ich überprüfen, ob diese Gedanken, die ich irgendwann einmal übernommen habe, auch für mich stimmen. Wie oft stellt sich doch heraus, dass es anders war oder kommt, als ich dachte. Ich muss nicht alles glauben, was ich denke.

In diesem Buch wird Sie eine Methode begleiten, die ich sehr liebe und die mir seit siebzehn Jahren hilft, mit meinen Gedanken Freundschaft zu schließen. THE WORK wurde vor circa dreißig Jahren von Byron Katie entwickelt und ist mittlerweile überall auf der Welt verbreitet. Sie ist einfach, und jeder, der seinen Verstand dafür öffnen kann, kann sie anwenden.

The Work ist ein einfacher Prozess der Selbstüberprüfung.

Teil 1 der Work besteht darin, die stressigen Glaubenssätze zu finden, die Gefühle wie Wut, Ärger, Hilflosigkeit und Verzweiflung auslösen. Stressige Glaubenssätze sehen zum Beispiel so aus: Niemand liebt mich. / Ich habe nicht genug Geld. / Ich muss anders sein. / Ich brauche eine bessere Arbeit. / Wenn mein Partner mich liebt, muss er auch treu sein. / Ich bin zu dick. (Das Arbeitsblatt am Ende des Buches hilft Ihnen beim Finden Ihrer stetigen Gedanken.)

Teil 2 der Work besteht aus der Überprüfung so eines Glaubenssatzes anhand von vier Fragen. Am Ende der Überprüfung verkehren wir den stressigen Gedanken in sein Gegenteil und schauen, ob dieses Gegenteil nicht auch wahr sein könnte. Dafür finden wir authentische und konkrete Beispiele aus dem eigenen Leben.

15

Die vier Fragen lauten:
1. *Ist es wahr?*
2. *Kannst du mit absoluter Sicherheit wissen, dass es wahr ist?*
3. *Wie reagierst du? Was passiert, wenn du diesen Gedanken glaubst?*
4. *Wer wärst du ohne den Gedanken?*

Beispiel:
Ich suche mir eine konkrete Situation, in der ich Stress empfunden habe. Eine Situation, in der ich ärgerlich, wütend, verzweifelt oder traurig war. Ich schaue genau hin, über wen ich mich geärgert und was ich in dieser Situation geglaubt habe. Diesen Glaubenssatz schreibe ich auf. Zum Beispiel:

Mein Partner liebt mich nicht.
Dann stelle ich mir die vier Fragen.

1. Ist das wahr?
Ich werde still. Ich lasse den Verstand die Frage stellen und warte, welche Antwort auftaucht.

2. Kann ich mit absoluter Sicherheit wissen, dass es wahr ist?
Zu hundert Prozent? Ich bedenke folgende Fragen: Kann ich immer erkennen, ob jemand mich liebt? Kann ich absolut sicher sein, dass es langfristig das Beste für mich wäre, wenn mein Partner mich liebte?

3. Wie reagiere ich, was passiert, wenn ich diesen Gedanken glaube?

Wie reagiere ich, wenn ich glaube, dass mein Partner mich nicht liebt? Wie behandle ich ihn mit diesem Glauben? Ich finde konkrete Beispiele wie: »Ich ziehe mich zurück«, »Ich bestrafe ihn, indem ich ihn nicht beachte«, »Ich antworte ihm kurz und knapp, wenn er mich etwas fragt«.

Ich frage mich: Wie fühlt es sich an, ihn so zu behandeln?

Darüber hinaus kann ich mich fragen: Wie behandele ich mich selbst, wenn ich glaube, dass mein Mann mich nicht liebt? Und wie fühlt sich das an?

Wie ist mein Leben, wenn ich diesen Gedanken für wahr halte? Ich bemerke all die Auswirkungen, die der Gedanke *»Mein Mann liebt mich nicht«* auf mich und mein Leben hat.

4. Wer wäre ich ohne den Gedanken?

Ich stelle mir vor, wie meine Situation gewesen wäre, wenn dieser Gedanke nicht aufgetaucht wäre. Ich sehe meinen Mann vor mir. Sehe, was er tut und wie das auf mich wirken würde, wenn ich nicht den Gedanken hätte *»Er liebt mich nicht«*. Ich nehme mir Zeit wahrzunehmen, wie mein Leben ohne diesen Gedanken wäre und wie sich das anfühlen würde.

Kehre den Gedanken um

Der ursprünglich stressige Gedanke *»Mein Mann liebt mich nicht«* kann in der Umkehrung heißen:

»Mein Mann liebt mich.«

Ich frage mich: Könnte das auch wahr sein? Ist es vielleicht sogar wahrer als der ursprüngliche Glaubenssatz? Ich suche drei konkrete Beispiele dafür, dass diese Umkehrung wahr ist.

Andere Umkehrungen lauten:
»*Ich liebe mich nicht.*«
»*Ich liebe meinen Mann nicht.*«
Für alle Umkehrungen finde ich drei ehrliche Beispiele, die auf mein Leben zutreffen. Es geht nicht darum, mich selbst anzuklagen, sondern darum, Alternativen zu entdecken, die mir Frieden bringen. Solange ich glaube, das Problem läge im Außen und jemand anders sei für meine Probleme verantwortlich, hört mein Leiden nicht auf.

Im Prozess der Work findet jeder seine eigenen Antworten. Sie bekommen hier keine guten Ratschläge oder Tipps. Die Methode hilft Ihnen, Ihre eigene Weisheit anzuzapfen. Das führt zu Klarheit, Frieden und echtem Selbstbewusstsein.

In meinen Vorträgen wird immer wieder die Frage gestellt, wie sich das Leben verändert, wenn man langfristig seine stressigen Gedanken überprüft; wenn man sich immer besser versteht und mit seinen Gedanken Frieden schließt.

Genau das möchte ich Ihnen in diesem Buch erzählen. Siebzehn Jahre arbeite ich jetzt mit »The Work« und aus diesen Jahren habe ich Ihnen Geschichten aufgeschrieben. Es sind Geschichten aus meinem Leben oder aus dem von Klienten. Sie sehen, wie die Work Ihnen einen Weg zu echter Selbstliebe zeigen kann, den Sie dann nur noch beschreiten müssen. Immer wieder werden Sie in den Geschichten die vier Fragen und die Umkehrungen entdecken, mal deutlich und mal ein wenig versteckt. Ich zeige Ihnen auch, wie man stressige Glaubenssätze ausfindig macht und was ich damit meine, dass die Work eine Meditation ist. Katies wunderbare Idee der drei Angelegenheiten wird näher beleuchtet und überall geht es um die Arbeit mit unseren Gedanken; wie sie wirken und wie wir ihnen begegnen können, um das zu bekommen, was wir wirklich wollen: aufrichtig und authentisch durchs Leben zu gehen, ohne uns verbiegen zu müssen.

1 Verlieben

Sie hat mich zurückgewiesen

Als Sara zu mir kommt, sieht sie müde und abgekämpft aus. Wir trinken einen Tee, sitzen schweigend beisammen, sie kämpft mit den Tränen. Ich frage sie, ob sie die Tränen nicht einfach laufen lassen möchte, und sie weint ein bisschen. Nach einer Weile erzählt sie.

Sie sei nun fast vierzig und habe immer noch keinen richtigen Partner gefunden. Ob Mann oder Frau, da sei sie nicht so festgelegt. Gerade ist sie in eine Frau verliebt. Diese Frau mochte sie ihrerseits auch sehr, hat sie sogar zu sich nach Hamburg eingeladen, und sie haben ein Wochenende miteinander verbracht. Am Sonntagabend, beim Abschied, hat die andere Frau sich eher wieder etwas Abstand gewünscht, lieber ohne Erotik. Sara blieb stark, sagte, das sei kein Problem, na klar, sie sei für alles offen. Drei Straßenzüge weiter ist sie zusammengeklappt. Sie konnte sich nur noch auf den Bordstein setzen, weinte und schluchzte und Menschen fragten, ob sie helfen könnten. Sara wusste nicht wohin mit sich und wusste nicht, woher dieser heftige Schmerz rührte. Vom Kopf her war ihr klar, dass sie unverhältnismäßig stark reagierte, doch nun, wo sie hier sitzt, auf meinem Sofa, tut es immer noch weh.

21

Sara ist gekommen, um die Work zu machen, und Schritt eins in der Work ist: den stressigen Glaubenssatz finden. Den oder die Gedanken, die sie in ihrer Situation geglaubt hat und die die Ursache sind für ihren Schmerz.

Das, was uns im Leben zustößt, das, was geschieht, kann der Auslöser für Schmerz sein – nicht aber seine Ursache. Die Ursache liegt in unserem Glaubenssystem. Deshalb reagieren verschiedene Menschen auch so unterschiedlich auf ein und dieselbe Sache. Nehmen wir an, es sitzen acht Menschen in einem Raum, es ist Abend und plötzlich geht das Licht aus. Einer sagt: Ich habe Angst. Ein anderer: Ach, das haben wir gleich – ich such mal den Sicherungskasten. Der dritte: Hilfe, ich bin blind. Der vierte verliert sich in Befürchtungen: Was, wenn wir die Ursache nicht finden? Der fünfte ist der Meinung, es sei doch ganz schön im Dunkeln usw.

Wir reagieren auf ein und denselben Auslöser unterschiedlich, weil wir alle unterschiedliche Dinge in unserem Leben erlebt haben, die Welt durch unterschiedliche Filter sehen und unterschiedliche Dinge glauben. Über die Dunkelheit, über andere Menschen, über Liebe, Gesundheit, Gott und über alles, worüber man etwas glauben kann – also alles, woran man auch denken kann.

Um meine Stress auslösenden Gedanken in einer belastenden Situation zu finden, gibt es ein hilfreiches Arbeitsblatt (im Anhang), mit dessen Hilfe zuerst folgender Satz mit Inhalt gefüllt werden soll:

Ich bin ... [Gefühl] auf/wegen ... [Name], weil ...

Ich frage Sara die erste Frage von diesem Blatt und nehme Bezug auf ihre Situation:

»Was war dein Gefühl in dem Moment, wo die Frau, in die du verliebt bist, dir gesagt hat, dass sie sich etwas Abstand wünscht? In dem Moment, wo du durch die Straßen gegangen bist: Wie hast du dich gefühlt und was hast du gedacht, bevor du zusammengeklappt bist?«

Sara wischt sich die Tränen ab und sagt: »Verzweifelt. Ich war verzweifelt.«

Ich ergänze den ersten Teil des Satzes: Ich bin verzweifelt ... und frage, wegen wem sie verzweifelt war.

»Na ihretwegen«, sagt Sara und schnieft.

Ich ergänze den Satz: Ich bin ihretwegen verzweifelt, weil ... und frage sie, warum sie ihretwegen so verzweifelt war.

»Weil sie mich zurückgewiesen hat ...«, sagt Sara, und Tränen rinnen ihre Wangen herunter.

Der erste Satz auf dem Arbeitsblatt lautet hier also:

Ich bin ihretwegen verzweifelt, weil sie mich zurückgewiesen hat.

Der Gedanke, den Sara im Moment ihrer Verzweiflung geglaubt hat, hieß:

Sie hat mich zurückgewiesen.

»Ja«, sagte Sara, »dieser Gedanke tut richtig weh.«

Sara hat nur eine Stunde Zeit, daher fangen wir gleich an. Ich bitte sie, sich so gut es geht zu entspannen und nicht so viel nachzudenken, sondern eher aus der Ruhe heraus alle Antworten, die sich zeigen wollen, auftauchen zu lassen. Sie lehnt sich zurück, und ich erinnere sie an die Situation, in der dieser Glaubenssatz sie geschmerzt hat.

»Du bist in Hamburg, ihr habt ein Wochenende miteinander verbracht, ihr verabschiedet euch, und sie sagt, sie wünsche sich etwas mehr Abstand. Vielleicht ohne Erotik. Du sagst: Das ist doch kein Problem, na klar, ich bin für alles offen.

Drei Straßenzüge weiter klappst du zusammen.

Du glaubst: **Sie hat mich zurückgewiesen.**

Dann stelle ich ihr die erste Frage der Work:

Ist das wahr?

Ich lasse diese Frage so stehen und gebe ihr Ruhe und Zeit, damit sie diese Frage in sich bewegen kann. Sie atmet, hält inne, seufzt und sagt dann:

»Ich kann da kein Nein finden.«

»Oh, das musst du auch nicht. Du kannst deine ehrliche, authentische Antwort finden. Wie lautet deine ehrliche Antwort? Ja oder Nein?«

»Ja«, sagt Sara. »Sie hat mich zurückgewiesen.«

»*Und kannst du mit absoluter Sicherheit wissen, dass dein Gedanke wahr ist?*«,

stelle ich ihr die zweite Frage der Work.

»Kannst du wirklich einhundertprozentig sicher sein, dass sie dich zurückgewiesen hat?«

Diese Frage scheint Sara zu beschäftigen. Sie überlegt, blinzelt zu mir herüber und fragte: »Ehrlich und authentisch?«

Ich nicke.

»Ja, kann ich.«

Sie sieht mich an, als erwarte sie jetzt eine Rüge oder Zurechtweisung. Ich sage:

»Niemand muss diese ersten beiden Fragen mit Nein beantworten. Die Work ist nur eine Überprüfung. Du findest deine Antworten, die jetzt gerade für dich stimmen. Das ist alles.«

Sara entspannt sich wieder und lehnt sich zurück.

Wie reagierst du, was passiert, wenn du diesen Gedanken glaubst?,

stelle ich die dritte Frage der Work.

Wie hast du in deiner Situation reagiert, als du geglaubt hast, dass sie dich zurückgewiesen hat?

»Ich war verletzt und wütend zugleich.« Saras Augen werden wieder feucht.

»Und ich verurteile sie dafür.« Sie schüttelt den Kopf.

»Und mich selbst verurteile ich auch. Ich sage zu mir: ›Siehst du!‹ Ich klage mich an, verschließe mein Herz, mach mich klein und hart. Oh Gott, das fühlt sich so unfrei und abhängig an …«

»Seit wann kennst du diesen Gedanken?«

ist eine mögliche Zusatzfrage zur dritten Frage. Mit ihr können wir Zusammenhänge finden und zeitlich in die Tiefe reisen.

»Wann ist der Gedanke, dass andere dich zurückweisen, zum ersten Mal aufgetaucht?«

Sara überlegt nicht lang und sagt: »Meine Mutter! Meine Mutter hat mich früher zurückgewiesen. Da gibt es tausende Situationen.« Wieder stürzen die Tränen in Bächen aus ihren Augen. »Deswegen tut es wahrscheinlich auch so weh, oder?«

Auf der einen Seite tut es ihr weh, an die vielen Zurückweisungen in ihrer Kindheit zu denken, auf der anderen ist sie erleichtert, hat sie jetzt doch eine Idee, woher dieser übermäßige Schmerz kommt, den sie in Hamburg gefühlt hat.

Ich bitte Sara, einmal tief zu atmen. Und noch einmal. Das tut einfach gut, wenn wir so viel Schmerzvolles angeschaut haben.

»Wer wärest du ohne diesen Gedanken?«

lautet die vierte Frage der Work.

»Wer wärest du? In Hamburg, die Frau mit der du das Wochenende verbracht hast und in die du verliebt bist, sagt dir, dass sie sich Abstand wünscht, und du hast nicht den Gedanken, dass sie dich damit zurückweist.

»Puh«, sagte Sara, »ohne den Gedanken… Ich höre ihre Worte… Sie möchte keine Erotik mehr mit mir…, und ich denke nicht, dass sie mich zurückweist…«

»Ja«, sage ich, »schau sie an. Sieh ihr ins Gesicht. Ohne deinen Gedanken. Was siehst du?«

»Oh …, ohne meinen stressigen Gedanken sehe ich, dass sie eine Beklemmung fühlt, dass es ihr nicht gut geht. Ich sehe das und es tut mir leid. Ich mag sie ja wirklich. Das fühlt sich gar nicht hart an. Mitfühlend eher, warm und weich. Vielleicht hat es gar nichts mit mir zu tun? Sie hat ein Problem … Ach, da fällt mir ein, dass sie an dem Wochenende auch etwas von einem Mann erzählt hat, den sie kennengelernt hat. Ja, vielleicht hat es überhaupt nichts mit mir zu tun?«

Sara schaut mich erstaunt an.

»Ohne den Gedanken an Zurückweisung bin ich kein Opfer. Ich bin mehr bei mir. Mein Leben ist o. k. Ich spüre, wie sie mit sich kämpft, und wir sind auf Augenhöhe. Obwohl sie sagt, was sie sagt.« Sara steht auf, geht drei Schritte und setzt sich wieder.

»Das fühlt sich ganz anders an. Ich bin nicht mehr schuldig. Schön, ja, schön ist das.«

Ich schaue sie an und warte ab, so lange, wie sie ihren Bildern ohne ihren belastenden Glaubenssatz noch folgen möchte. Irgendwann schaut sie mich an und sagt nichts mehr.

Ich frage:

»Wie wäre denn dein ganzes Leben, wenn du diesen Gedanken nicht mehr glauben würdest?«

Auch dies ist eine mögliche Zusatzfrage zur vierten Frage der Work.

»Manche Menschen wollen dich um sich haben, andere wieder nicht, es verliebt sich jemand in dich und entscheidet sich dann doch anders. Wie wäre dein Leben, wenn du diese Geschehnisse nicht als Zurückweisung ansehen würdest?«

»Boah«, sagt Sara und lacht schallend. »Boah.« Es sieht aus, als würde sie in Gedanken durch ihr Leben spazieren. »Genial. Viel leichter. Dann würde ich das, was andere sagen oder tun, nicht mehr persönlich nehmen.«

Vorhin hat Sara ihre Mutter erwähnt. Mit deren Verhalten hatte es wohl angefangen, dass Sara diesen stressigen Gedanken geglaubt hat.

»Sieh mal deine Mutter vor dir, früher, in einer dieser tausend Situationen. Hast du eine?« Sara nickt. »Wer wärest du in dieser Situation gewesen, wenn du da nicht gedacht hättest ›Sie weist mich zurück‹?

»Du meinst, wenn ich das damals nicht persönlich genommen hätte?«

»Ja, schau deine Mutter an, in der Situation früher. Was siehst du ohne deinen Gedanken?«

Sara lacht. »Irgendwie will ich aber, dass sie Schuld hat. Wer hat denn die sonst? Sie hat mich oft angeschrien. Nein, nein, ich verstehe schon.« Sara atmet noch einmal tief ein. »Ohne meinen Gedanken ist sie nicht nur meine Mutter. Sie hat auch ihr eigenes Leben, ihren eigenen Schmerz, ihre eigene Wut und auch ihren eigenen Kampf. Sie kommt nicht klar. Deswegen ist sie so.«

»Und wie ist das für dich, das jetzt so zu sehen? Ohne Schuld?«

»Verrückt, irgendwie. Es ist eine Befreiung, das ohne Schuld zu sehen. Auch das hatte wahrscheinlich überhaupt nichts mit mir zu tun. Sie musste das einfach so machen.«

»Könnte es sein, dass es Zurückweisung überhaupt nicht gibt? Zurückweisung ist ja nur ein Wort, eine Bezeichnung, eine Interpretation von etwas, was jemand tut. Wie wäre dein Leben ohne Zurückweisung?«

»Ja, verrückt. Verrückt wäre das. Alles, was die anderen tun, fühlen und sagen, ist deren Baustelle, nicht wahr? Es ist deren Kampf, um durchs Leben zu kommen, deren Selbstfindung. Wenn jemand mich anschreit, ist es seine Wut, seine Unausgeglichenheit. Ich bin nur der Blitzableiter. So könnte ich das Leben auch sehen und so wäre es viel einfacher ...«

Nach den vier Fragen drehen wir den ursprünglich stressigen Glaubenssatz in sein Gegenteil. Meist gibt es mehrere. Und meist ist das Gegenteil von etwas Stressigem freundlicher und liebevoller. Ein Gegenteil von »Sie hat mich zurückgewiesen« könnte sein:

Sie hat mich *nicht* zurückgewiesen.

Ich bitte Sara, für dieses Gegenteil, diese Umkehrung, ein Beispiel zu finden. Ein Beispiel, warum es auch wahr sein könnte, dass die Frau in Hamburg sie nicht zurückgewiesen hat. Das ist keine Gehirnwäsche und auch keine Verdrehung von Tatsachen, denn Sara schaut nach echten Beispielen, warum diese Umkehrung auch stimmen könnte. Wir wollen uns hier nicht in die Tasche lügen. Saras erstes Beispiel lautet:

»Es hat mit ihrem Leben zu tun, nicht mit meinem. *Sie* möchte etwas Abstand. *Sie* möchte keine Erotik mit mir. Das liegt in ihr begründet.«

»Gut, kannst du noch ein Beispiel finden?«

Sara überlegt. »Ja, sie hat auch gesagt, dass sie gern weiter Kontakt mit mir möchte. Nur halt nicht so nah.« Sara hat unter dem Stress ihres Gedankens völlig verdrängt, dass die Frau in Hamburg gesagt hat, dass sie durchaus gern Kontakt hätte. Durch die Umkehrung kann sie sich nun daran erinnern. »Sie hat mich nicht zurückgewiesen, sie möchte ja Kontakt. Und – da fällt mir auch gleich ein drittes Beispiel ein: Wir haben ein paar Tage später telefoniert, sie hat mich angerufen, und sie hat mir von sich erzählt. Intime Dinge, Dinge, die sie nicht jedem anvertrauen würde. Das heißt auch, dass sie mich nicht zurückweist, oder?«

Sara sitzt noch ein, zwei Minuten nur da und spürt dem Gefühl nach, welches sich durch die Umkehrungen eingestellt hat. Der Horizont ist weiter geworden, sie kann wieder frei atmen und spürt sogar eine warme Zuneigung zu der Frau aus Hamburg.

»Welche Umkehrung kannst du noch finden?«

Ich habe mich zurückgewiesen.

So lautet die zweite Umkehrung, die Sara nun auf sich wirken lässt.

»Oh ja«, sagt sie. »Das stimmt. Ich habe mich ganz klein gemacht neben ihr. Alles habe ich gleich persönlich genommen. Das war sicher anstrengend für sie.«

Sara sinnt nach einem weiteren Beispiel.

»In meiner Kindheit und Jugend gibt es dafür unzählige Beispiele. Mit meiner Mutter und meinem Vater. Es war, als hätte ich beschlossen, nicht mehr ich zu sein. Ich habe mich bis zur Unkenntlichkeit zurückgenommen. Ich kann mir vorstellen, dass es für andere seltsam ist, jemanden vor sich und doch kein Gegenüber zu haben. Diese Umkehrung ist, glaube ich, viel wahrer. Ich habe mich zurückgewiesen, und ich tue das immer noch. Aber«, sagt Sara und setzt sich auf, »aber das ist ja etwas, was ich ändern kann, das liegt in meiner Hand. Daran kann ich selbst etwas tun. Daran, was die anderen tun, nicht. Das ist gut. Ja, ich verstehe das jetzt. Sie hat mir dieses Gefühl nicht gegeben – das war ich selbst. Sie hat mich eigentlich sogar wertgeschätzt.«

»Ah«, sage ich, »das könnte unsere dritte Umkehrung sein.«

Sie hat mich wertgeschätzt.

»Ja, sagt Sara, sie hat Interesse an mir gehabt, hat freundlich mit mir gesprochen, hat mich nicht verurteilt. Sie hat sich lediglich mitgeteilt. Sie hat gesagt, sie wünsche sich etwas mehr Abstand. Sie hat sich mir gegenüber nicht verschlossen, sie hat mich teilhaben lassen an ihren Gefühlen. Wenn ich das nicht als Zurückweisung betrachtet hätte, hätte es sogar schön sein können. Und…«, Sara lacht, »sie hat sogar gesagt, dass sie für mich da ist, falls ich irgendetwas brauche, um in den Frieden zu kommen. Mann! Wie konnte ich das denn vergessen!«

Fünf Minuten bleiben noch, dann muss Sara gehen.

»Wie geht's dir jetzt?«, frage ich.

»Gut. Ich fühle mich friedlich, irgendwie. Mein Herz ist wieder offen. Das ist wirklich ein schönes Gefühl.«

Wir verabschieden uns, und sie verspricht, demnächst zu berichten, wie es ihr mit der Work weiter ergangen ist.

Ein paar Tage später schreibt sie:

Es ist ein tolles Lebensgefühl, wenn es Zurückweisung gar nicht gibt! Alle können alles machen. Ich lasse sie frei und gebe nur acht, dass ich mich selbst nicht zurückweise. Echt schön – und das Gefühl hält an. Danke dir!

2 Selbstbild

Mir soll man nicht an den Karren fahren können

*B*evor ich The Work kennenlernte, habe ich mich durch einige andere Methoden geschnuppert. Ich begann mit Gestalttherapie, weil ich ein schönes Buch darüber gelesen hatte (*Gras unter meinen Füßen*), dann kam ich zur Familienaufstellung, von dort zur Kinesiologie, zwischendrin waren noch Tai-Chi und Chi Gong dran und irgendwann fand ich eine Lehrerin, die hatte extra Tools für Sänger und Schauspieler. Und sie machte NLP. Das alles war furchtbar interessant, und ich beschloss, neben meinem Schauspielberuf eine Ausbildung zum NLP-Master zu machen.

Eines Tages lernte ich dort, dass man die Menschen in zwei Kategorien einteilen kann. (So beginnen ja auch manche Witze. »Es gibt zwei Arten von Menschen …«.) Man unterscheidet im NLP zwischen »Matcher« und »Mismatcher«. Matcher sind diejenigen, die gern anderen folgen, Gleichklang schätzen und bereit sind, sich harmonisch in ein System einzufügen. Die Mismatcher legen nicht so viel Wert auf Harmonie. Ist man ihnen nicht so wohlgesinnt, sagt man ihnen nach, dass sie ständig etwas zu kritisieren haben, immer überall die Schwachpunkte sehen, Verbesserungen vorschlagen und einfach nerven, weil sie unbequem sind. Etwas wohlmeinender könnte man sagen, sie seien Vordenker, Pioniere, Leute, die was riskieren, die auch dann zu ihrer Meinung stehen, wenn die Menge anders denkt, und die bereit sind, alles in Frage zu stellen.

Mit einem gewissen Unbehagen stellte ich damals fest, dass ich in dieser Kategorisierung keinerlei Chance hatte, mich durchzumogeln. Ich konnte nicht behaupten, ein Mischtyp zu sein, der irgendwie von beiden etwas hat, je nachdem, in welcher Situation er sich befindet. Als es darum ging, wer aus unserer Gruppe ein Mismatcher war, wurden nur zwei Leute angesehen. Eine davon war ich.

Damals bin ich erschrocken, denn ich sah vor allem das Negative am Mismatcher. Aha, ich gehe anderen also auf die Nerven, meine gut gemeinte Kritik ist anscheinend nicht willkommen und mein Scharfblick nicht erwünscht. So, so. Na fein. Als ich den Schmerz dahinter bemerkte, fragte ich mich: Kann ich denn jemand anderes sein? Jetzt, hier, sofort? Gibt es die Möglichkeit, mich dafür zu entscheiden, ein Mensch zu sein, der für andere keine Last ist? Kann man freiwillig zum Matcher konvertieren? Und, Moment mal kurz, will ich das überhaupt? Denn ehrlich gesagt gibt es ja auch bei den Matchern Aspekte, die andere durchaus nerven können. Zum Beispiel sind sie Mismatchern gegenüber oft nicht so tolerant.

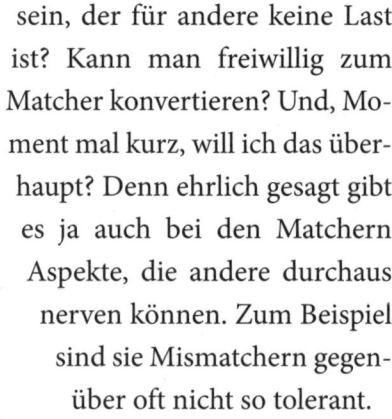

Ich beobachtete meine Gedanken. Was sagte mir mein Schmerz? Ich wollte, dass andere nur die angenehmen Teile des Mismatchers an mir entdecken. Die wollte ich geschätzt wissen. Die Welt sollte mich als Bereicherung wahrnehmen, als freundliche Pionierin, als jemanden, der zwar Dinge in Frage stellt, jedoch so, dass es alle nur freut und niemanden nervt. Ich wollte die schöne, die rote Hälfte vom Apfel, aber ohne die Gefahr, dass mir der Bissen im Halse stecken bleibt.

Später, als ich die Work kennenlernte, tauchte dieser Wunsch wieder in mir auf. Ich wollte die Gute sein. Eine reine Weste haben. Man sollte mir nicht an den Karren fahren können. Schneewittchen ohne Feinde, ohne die böse Königin. Einfach nur weiß wie Schnee, rot wie Blut und schwarz wie das Ebenholz des Fensterrahmens.

Langweilig, sagen Sie? Sie meinen, Schneewittchen hätte sich ohne Gegenspieler am Schlossbüffet dick und rund gefuttert, wäre träge und stumpf geworden und niemals in die Märchengeschichte eingegangen?

Ich entdeckte den Glaubenssatz:

Mir sollte man nicht an den Karren fahren können.

Und stimmt das? *Ist das wahr?*

Gibt es überhaupt einen Menschen auf der Welt, dem man nicht an den Karren fahren kann?

Einige Politiker mussten in der letzten Zeit zurücktreten, obwohl es lange Zeit so aussah, als wäre ihre Weste blütenrein. Selbst Kanzlerin Merkel, die sich anscheinend niemals etwas Relevantes hat zu Schulden kommen lassen, ist nicht nur die Gute. Auch Obama nicht. Über Mutter Teresa hat man herausgefunden, dass ihr Missionierung wichtiger war als die eigentliche humanitäre Hilfe und der Dalai Lama wird wegen Abspaltungsaktivitäten von China kritisiert.

Wie könnte ich es da schaffen, dass mir niemand an den Karren fahren kann? Oh, doch, ich sehe eine Möglichkeit. Ich könnte so langweilig, trist und uninteressant sein, dass nichts und niemand auch nur ein Fünkchen Lust verspürt, seinen Karren meinetwegen überhaupt aus dem Schuppen zu holen. Ich könnte still und leise in meinem Kämmerlein sitzen, ohne mich am Weltgeschehen zu beteiligen.

Aber, Hand aufs Herz, diese Chance habe ich längst vertan. Es ist also nicht wahr. Vielleicht sogar unmöglich.

Wie reagiere ich, was passiert, wenn ich diesen Gedanken glaube?

Oder: Wie geht es mir, wenn ich etwas möchte, was nahezu unmöglich ist? Wie fühlt es sich an, wenn ich nur meine guten Anteile erlaube und den Rest verstecken muss?

Ich erinnere mich an eine anstrengende Zeit in meiner Jugend, in der ich gern unangreifbar gewesen wäre. Alles, was ich anderen Menschen gegenüber äußerte, wurde von mir im Vorfeld geprüft und gefiltert. Es durfte ja nichts von den unerwünschten Anteilen das Licht der Welt erblicken. Ich konnte mir partout nicht gestatten, auch mal ungerecht zu sein, aufzubrausen oder zuzugeben, dass ich auch fiese Gedanken hatte. Das reine, unschuldige Schneewittchengesicht musste gewahrt werden. Kam auch nur der Hauch einer Kritik, erschrak ich, als wäre ich mit dem Jäger aus dem Märchen unterwegs in den Wald, unterwegs zu meiner Hinrichtung. Kritik durfte nicht sein!

Nicht nur, dass so ein Verstellen und Verstecken mühselig ist, es ist auch umsonst. Es kommt der Tag, da hat man sich mal nicht »im Griff«, da unterläuft einem ein Fehler, da hat man mal kurz nicht aufgepasst oder sich von seinen Emotionen mitreißen lassen. Ich bin jemandem über den Mund gefahren, habe ihn nicht ausreden lassen, hatte ein ungerechtes Urteil, oder habe etwas weitererzählt, was ich besser bei mir behalten hätte. Und dann fliegt man auf! Auwei! Welche Scham. Mich hat es damals oft Wochen gekostet, um mir solche »Ausrutscher« zu verzeihen. Noch dazu fühlte sich mein Kontakt zu anderen Menschen flach an. Wir gingen nicht gemeinsam durch dick und dünn. Die emotionalen Ausschläge sollten nur die anderen haben, ich wollte immer schön konstant sein.

Und nicht zuletzt: Wohin sollte ich mit den Teilen, auf die ich das Etikett: ›unerwünscht!‹ geheftet hatte? Was passierte im Versteck mit der Wut, dem Ärger der Enttäuschung und mit dem Bedürfnis, sich mal so richtig gehen zu lassen, mal über die Stränge zu schlagen?

Als ich fünfundzwanzig wurde, zerbrachen diese Teile bei mir das Schloss. Sie wollten einfach nicht länger eingesperrt sein. Dann musste ich aber aus der Welt. Ich habe mich also eine Weile nicht sehen lassen. Habe alles heimlich mit mir ausgemacht. Oder ich wurde krank, das passte dann immer ganz gut.

Wenn ich in meinem Leben zurückschaue, gab es gefühlt schon immer diese beiden scheinbar gegenteiligen Wünsche: Einerseits wollte ich nicht alles so machen wie die anderen, sondern hatte Lust am Experimentieren, am Überschreiten von Grenzen und am Risiko, und andererseits sollten meine Experimente immer auf sicherem Boden stattfinden. Ich wollte mich gleichzeitig in mir aufgehoben fühlen und mir der Sympathie aller Menschen sicher sein.

In meiner Kindheit und Jugend waren das Gegensätze, die ich nicht verstand. Als ich dreißig wurde, schloss ich meinen Frieden damit, dass es nun mal unvereinbare Gegensätze seien. Es schien offensichtlich, dass beides nicht zur selben Zeit zu haben ist. Heute, mit fast fünfzig, sind es für mich keine Gegensätze mehr. Beides ist gleichzeitig möglich. (Am Rande bemerkt ist dies wieder ein Beispiel dafür, wie schön es doch ist, älter zu werden.)

Als ich die Work kennenlernte, konnte ich mich fragen:

Wer wäre ich ohne meinen Stress auslösenden Gedanken gewesen?

Wenn die Idee nie aufgetaucht wäre, dass man mir nicht an den Karren sollte fahren können? Oder wenn ich nicht geglaubt hätte, dass mein Leben besser wäre, wenn ich es schaffen könnte, immer eine reine Weste zu haben? Wenn ich nicht davon ausgegangen wäre, dass ich anderen eine Last bin, wenn ich emotional unausgeglichen bin?

Oh ja, dann hätte mein Leben anders ausgesehen. Ich atme tief durch und verspüre sofortige Erleichterung. Ich wäre gar nicht auf die Idee gekommen, mich mit anderen Kindern zu vergleichen und dann wäre alles so viel einfacher gewesen. Der eine ist so und der andere so, fertig. Das muss man sich weder erklären können, noch muss ich mir an den Braven ein Beispiel nehmen. Uff.

Sicher hätte ich als Kind den Worten der Erwachsenen nicht so viel Beachtung geschenkt und mehr auf das geschaut, was mir selber wichtig ist. Wahrscheinlich hätte ich nicht geglaubt, dass man sich Mühe geben muss, alles richtig zu machen. Dass ich es schaffen muss, acht Stunden pro Tag in der Schule still zu sitzen. Dass es meine Schuld ist, wenn ich nicht solange aufmerksam zuhören kann. (Andere können das ja schließlich auch.) Dass ich nicht wütend werden darf, wenn der Lehrer mich ungerecht behandelt.

Ich hätte nicht geglaubt, dass alles glattgehen muss. (Denn obgleich ich mich anstrengte, gelang mir das natürlich nicht. Ich habe während der Schulzeit einige Tadel nach Hause gebracht, die zu Hause weitere Tadel nach sich zogen.)

Wenn ich das alles nicht geglaubt hätte, wäre ich schon als Kind davon ausgegangen, dass es o. k. ist, so zu leben, wie ich lebe. Dass es in Ordnung ist, das zu fühlen, was ich fühle. Ich hätte mich schon früher so nehmen können, wie ich bin. Ich hätte mich entspannen können und aus dieser Entspannung heraus hätten sich Lösungen für alle Arten von Problemen finden lassen.

Und auch im weiteren Verlauf hätte ich mein Leben mehr genießen können. Wenn es o. k. ist, dass mir jemand an den Karren fährt, fällt es mir viel leichter, damit umzugehen, wenn dies tatsächlich mal der Fall ist. Dann ist es eine normale Sache.

Passiert halt. Dann wäre ich nicht so ein Mismatcher geworden. Ich hätte dann schon vorher die Teile in mir bemerkt, die sich danach sehnten, einfach mal anderen zu folgen. Ich hätte mir öfter erlaubt, mich harmonisch in ein System einzufügen, hätte mir erlaubt, einfach mal mitzuschwimmen.

Man sollte mir an den Karren fahren können.

So lautet das Gegenteil meines belastenden Glaubenssatzes. Es ist eine Umkehrung des stressigen Gedankens. Meist steckt in so einem Gegenteil auch sehr viel Wahres, ich habe dort aber nie hingesehen, weil ich das ja nicht geglaubt habe. Der Verstand findet überwiegend Beispiele für das, was er glaubt. Könnte dieses Gegenteil also auch wahr sein? Kann ich auch dafür ein Beispiel finden? Inwiefern könnte es wahr sein? Oder: Wann in meinem Leben war es tatsächlich schon einmal wahr?

Nun, ich finde, man sollte mir an den Karren fahren können, wenn ich mich verrenne. Wenn ich dabei bin, etwas zu tun, was gegen mich, gegen die Natur oder gegen andere geht. Dann bin ich vielleicht sogar dankbar für klare Zeichen, für etwas, was mir die Augen öffnet. Die Zwerge haben Schneewittchen auch gesagt, sie solle nichts von Fremden annehmen. Aber wie wir gesehen haben, war das als Zeichen einfach nicht ausreichend.

Tatsächlich habe ich mich in meinem Leben schon öfter mal gefragt, warum mir in bestimmten Phasen niemand einen deutlichen Wink gegeben hat. Als ich in Paris als Model gearbeitet habe, war ich so dünn wie nie zuvor. Ich selber hatte mich daran gewöhnt, war ich doch von lauter ebenso dünnen Models umgeben. Ich passte in die Haute-Couture-Klamot ten und bekam die Jobs. Es schien also alles richtig so zu sein. Dass ich keine Monatsblutung mehr hatte, fand ich eher angenehm, und auch mein Arzt meinte lediglich, ich könne ruhig ein bisschen mehr essen. Meine Eltern sagten später:»Na ja, wir wollten dir da in deine Sache nicht reinreden.«

Und man sollte mir an den Karren fahren können, weil ich gar keine Lust verspüre, mein Leben auf Unfehlbarkeit auszurichten. Ich möchte mir mein spontanes Handeln nicht untersagen, um mit vorher gut geprüften und mehrfach durchdachten Verhaltensmustern zu reagieren. Und selbst dann wäre meine Unfehlbarkcit ja nicht garantiert. Je mehr ich sie garantieren möchte, umso mehr Angst habe ich vor Lücken im System. Selbst mit einer Unfehlbarkeit von 99 Prozent könnte ich nachts schweißgebadet aus dem Schlaf hochschrecken, weil der unkontrollierbare Super-Gau noch immer eine Wahrscheinlichkeit von einem Prozent hat. Mich im Vorfeld ständig zu überprüfen, ist anstrengend, eine garantierte Spaßbremse und macht eine Heidenarbeit. Allein dafür müsste ich einen Assistenten einstellen. Hat Frau Merkel so einen Mitarbeiter, einen Fettnäpfchenvorausprüfer?

Wenn ich es so betrachte, wünsche ich mir geradezu, dass man mir an den Karren fahren kann. Das könnte eine weitere Nuance der Umkehrung sein. Die Umkehrung ins äußerste Gegenteil.

Ich sollte ein lebendiges, fehlbares Wesen sein.

Ich will neugierig bleiben, wie ich wohl reagieren werde und mir nicht vornehmen, auf eine bestimmte Weise zu reagieren. Und ich will dies auch dann tun, wenn meine Gefühle seit dem Zeitpunkt des Vornehmens schon wieder andere sind. Ich will dazu stehen können, dass meine Meinung sich ändert. Ja, das tut sie. Manchmal jahrelang nicht, dann wieder alle fünf Minuten. Ich möchte die Freiheit haben, alles, was ich mir aufgebaut und ausgedacht habe, auch wieder über den Haufen zu werfen und nochmal neu zu beginnen. Bis zum letzten Atemzug.

Und ich möchte, dass man mir an den Karren fahren kann, weil ich ein unkonventionelles Leben führen will. Das macht so viel Freude. Das hält mich wach, das bringt Champagner ins Blut. Ich möchte heute nicht alles so machen wie gestern, ich möchte mich in letzter Sekunde umentscheiden dürfen, ich möchte aufrichtig sein. Frei nach dem beliebten Sprichwort: »Ist der Ruf erst ruiniert, lebt sich's völlig ungeniert.« Endlich kann ich dann meinen Impulsen folgen, denn dann habe ich ja nichts mehr zu verlieren. Könnte sein, dass konventionell denkende Menschen sich davon hin und wieder bedroht fühlen.

Und obgleich ich mich jetzt darauf freue, dass mir demnächst mal wieder jemand so richtig an den Karren fährt, möchte ich Ihnen hier noch eine Möglichkeit vorstellen, wie mir (und Ihnen) dennoch niemand mehr ernsthaft an den Karren fahren kann. Stellen Sie sich vor, alle könnten alles zu Ihnen sagen. Die schlimmsten Dinge. All das, was Sie wirklich nicht hören wollen, Ihren ultimativen Alptraum. »Du bist ekelhaft. Du bist ein Spielverderber. *Immer* machst du *alles* kaputt. Du hast kein Herz.«

Stellen Sie sich vor, Sie würden diese Worte an sich selbst gerichtet hören (oder sie würden Ihnen über drei Ecken zugetragen). Sie hören sie, und anstatt in Aufruhr zu geraten, dagegen zu sein, anstatt sich anzustrengen, diese Anschuldigung zu widerlegen, gehen Sie in sich und fragen sich: »*Könnte das wahr sein?* Wäre es möglich, dass dieser Charakterzug in mir schlummert?« Möglicherweise können Sie sich sogar dafür öffnen, für diese Eigenschaften ein Beispiel zu finden. Können Sie eins entdecken? Können Sie vor sich selber ehrlich zugeben, dass es stimmt? Können Sie dazu stehen, dass auch dieser Anteil in Ihnen schlummert? Wenn Sie es können, hört der Kampf auf. Der Widerstand. Das Leid. All die Versuche, den anderen umzustimmen, auf dass er eine bessere Meinung von Ihnen habe. All die Erklärungen, das Zurechtrücken Ihres Selbstbildes vor Ihnen selbst und anderen. Denn könnte es nicht sein, dass wir alles, was es in der Welt gibt, auch in uns tragen? Ja, auch Sie?

Schneewittchen müsste doch eigentlich, kaum dass der Apfelschnitz aus ihrem Hals gefahren ist und es sich den Prinzen gesichert hat, die böse Königin angreifen. Die hat ihm schließlich den Apfel angedreht, und das nicht etwa aus Versehen, sondern mit voller Absicht. Und der Apfel war ja nicht ihr erster Versuch, Schneewittchen aus der Welt zu schaffen. Um das Märchen so ausgehen zu lassen, wie Märchen üblicherweise ausgehen: ›Und so lebten sie in Ruhe und Frieden bis ans Ende ihrer Tage…‹ könnte Schneewittchen erkannt haben, dass es auch einen gierigen Anteil in sich trägt. Die Königin wollte die Schönste sein im ganzen Land und Schneewittchen wollte den Gürtel. Und es wollte den schönen roten Apfel. Unbedingt. Es war nicht so schwer, ihm immer wieder etwas anzudrehen.

Niemand kann Ihnen an den Karren fahren und dem Karren ernsthafte Schäden zufügen, wenn Ihr Karren flexibel ist, wenn er nachgibt. (In Paris parken viele Autobesitzer ihre Wagen, ohne die Handbremse anzuziehen, damit man das Auto bei Bedarf ein Stück verschieben kann.)

Also, man kann natürlich schon weiterhin versuchen, Ihnen an den Karren zu fahren, aber Sie werden nicht mehr verletzt aufschreien, Ihre kostbare Zeit mit Schimpfen verbringen oder gar mit Zurückschlagen. Und jemand, der Spaß daran hat, dass es ordentlich rumst und scheppert, wird bemerken, dass bei Ihrem Karren nicht so viel zu holen ist, und es anderswo versuchen.

Stellen Sie sich vor, jemand anders sagt aufgebracht lauter schlimme Dinge über Sie, und Sie reagieren darauf, indem Sie sagen: »Stimmt, du hast recht.«

Was passiert dann wohl?

3 Bei mir bleiben

Ich brauche einen Mann

$\mathcal{L}$ange schon trage ich die Sehnsucht in mir, mal so richtig bei mir zu bleiben. Bei mir zu sein. Als meine letzte lange Beziehung auseinanderging, fühlte sich die Aussicht darauf richtig gut an. Nur mal ich mit mir, keine Kompromisse, kein Aufeinanderwarten, Aufeinanderbeziehen, Aufeinanderabstimmen. Ich hatte große Lust, nur mal meinen eigenen Impulsen zu folgen, es mir selbst recht zu machen, nur auf mich zu hören.

Drei Monate war ich allein. Der vorangegangene Abschied klang noch in mir nach, auch wenn es ein freundlicher Abschied gewesen war. Drei Monate, in denen ich plötzlich herrlich viel Zeit hatte, alle meine Freunde traf, dicke Bücher las, Filme sah, locker meine Arbeit schaffte und all das genoss. Das Einzige, was mir hin und wieder fehlte, war Körperkontakt. Körperkontakt, wie ihn nur Liebende haben. Und natürlich bemerkte ich auch, dass auf Familientreffen alle einen Partner hatten, nur ich nicht.

Eines Tages lief mir ein Mann über den Weg und mein erster Gedanke war: lecker. Nach dem ersten Gespräch: freundlich. Nach ein paar Treffen: angenehm, aufmerksam, gebildet. Wir hatten einige gemeinsame Interessen. Und nun raten Sie mal: Als er deutlich machte, das auch er sich so einen Körperkontakt wünschte, konnte ich nicht Nein sagen. Ehrlich gesagt, konnte ich gar nicht mehr so weit denken.

Ich erzählte ihm ein paar Wochen später von meiner Sehnsucht, mein Ding zu machen und versuchte, diesem Vorhaben auch jetzt treu zu bleiben. Ich wollte ehrlich sein und gleichzeitig behutsam. Ich versuchte, klar zu sein, wenn ich mehr Zeit brauchte, und ich sah, wie der Mensch, den ich in mein Herz geschlossen hatte, Schwierigkeiten damit hatte, mich so selbstbestimmt zu erleben. Nicht dass ich das Bedürfnis verspürt hätte, mich herumzutreiben – dennoch wollte ich frei sein. Ich wollte mich nicht rechtfertigen müssen, mich nicht dauernd erklären und auch keine Mühe aufbringen, um ihm sein gewünschtes Sicherheitsgefühl zu geben. Wenn ich von meinem Vorhaben abging, um mal eine Weile nur für mich selber da zu sein, dann wollte ich aber wenigstens keine Probleme wälzen müssen.

Ich wollte nicht nur oberflächlichen Spaß, das nicht. Ich wollte gern vieles mit ihm teilen, doch ohne dass sein ganzes Leben gleich mein ganzes Leben durchwebte und ich immer da sein musste, wenn er Schwierigkeiten hatte. Und ich wollte auch zu keiner Lösung beitragen müssen. Frei sein, mich nicht zu schnell wieder binden, ganz in Ruhe schauen, wie und ob sich etwas entwickelt zwischen uns.

Auch hatte ich bemerkt, dass mich immer, wenn ich das Wort: »Beziehung« dachte, eine Schwere überfiel. Alte Konditionierungen, alte Muster, die mich glauben machten, dass ich nicht mehr frei sei, sobald ich solch eine Verbindung eingehen würde. Dass ab dieser Markierungslinie jede Menge Regeln gelten würden, die ich beachten müsse. Dass ich dann immer aufmerksam und freundlich sein müsste, immer ein offenes Ohr haben und auch dann zuhören müsse, wenn mir nicht danach sei. Dass ich da sein müsse, wenn der andere mich brauche, oder glaubte, mich zu brauchen. Kurz: dass ich dann meinen eigenen Impulsen nicht mehr folgen könne. »Dafür« würde ich etwas anderes Schönes bekommen – nur dass mir dieses andere Schöne dann gar nicht mehr so viel wert wäre. Der Preis war zu hoch.

Da hatte ich ein schönes, stressiges Konzept über Beziehung im Kopf. Konnte es sein, dass diese Gedanken gar nicht stimmten? Dass mein Partner all diese Sachen gar nicht von mir verlangte? Zwar hatte ich es mein ganzes Leben lang so erlebt, doch das konnte auch daran liegen, dass es eben *mein* Konzept war, *meine* Überzeugungen, und eben deshalb erlebte ich auch immer wieder das Gleiche.

Ich bemerkte, wie es mir immer wieder nicht gelang, wirklich ehrlich zu sein. Freundinnen sagten schon: »Du immer mit deiner Ehrlichkeit!« Sie verspürten vielleicht nicht so ein starkes Bedürfnis danach wie ich. Ihnen waren andere Dinge wichtiger, und sie konnten leichter durchwinken, was ihnen nicht gefiel. Ich konnte das noch nie. Ich kann mich nur wohlfühlen, wenn ich auch durch und durch aufrichtig sein kann.

Ich hörte meinem Freund auch dann zu, wenn mich das Thema nicht interessierte, weil ich glaubte, mir doch nicht nur die Rosinen herauspicken zu können. (Ein Satz, den ich in meiner Kindheit und Jugend oft gehört und irgendwann geglaubt hatte.) Manchmal ließ ich mich von ihm berühren, auch wenn diese Berührung mir nicht wirklich gefiel. Ich hätte es als lieblos und kleinlich empfunden, ihn in seinem eigenen Ausdruck lenken zu wollen.

Ich hatte eine schwammige Idee, dass ich das irgendwie mit mir selbst ausmachen musste. Manchmal war sie auch gar nicht so schwammig, und ich erinnerte mich daran, dass ich eine wunderbare Methode kannte, die genau dafür gemacht ist, sich seine eigenen Muster anzuschauen und sich selbst zu erforschen und zu verstehen.

Im letzten Sommer entschied sich dieser Freund, doch nicht mit mir in den gemeinsam geplanten Urlaub zu fahren. Ich war erstaunt. Irgendwie hatte auch er bemerkt, dass wir nicht wirklich rund miteinander liefen und wollte in dieser Spannung nicht seinen Urlaub verbringen. Ich verstand und respektierte diese Entscheidung, auch wenn dadurch einiges anders lief als geplant.

Einen Teil dieses Urlaubs verbrachte ich dann allein und stellte wieder fest, wie schön das für mich war. Fremden gegenüber fiel es mir nicht schwer, klar zu sein. Zur Besitzerin des kleinen Berghotels konnte ich sagen: »Ich gehe dann mal«, wenn mir ihr Mitteilungsbedürfnis zu viel wurde. Beim Frühstück schlug ich problemlos die Einladung aus, doch an den Nachbartisch zu kommen, damit ich da nicht so alleine sitzen müsse. Ich saß da nämlich gern allein.

Ich wanderte in die Berge, Wasser, einen Schreibblock und Stifte im Gepäck. Immer fand ich irgendwo eine Bank oder ein Plätzchen, an dem ich mich zum Worken niederlassen konnte. In diesem Prozess stellte ich fest, dass ich zeit meines

Lebens geglaubt habe, ich bräuchte einen Mann. Um lieben zu können, als Schutz, zur Unterstützung, für meine Tochter, für das gesellschaftliche Ansehen, für körperliche Vergnügungen. Das wollte ich mir mal näher anschauen.

Ich brauche einen Mann.

Ist das wahr?

Jetzt gerade, in den Bergen auf der Bank, war es nicht wahr. Überhaupt nicht. Ich hatte es sogar geschafft, einen Mietwagen zu leihen, was auf Reisen bisher immer der Job der Männer gewesen war. Ich war mit den engen, kurvigen Straßen klargekommen, auch dafür hatte ich keinen Mann gebraucht.

Ich scannte einmal mein ganzes vergangenes Leben, oder das, woran ich mich davon noch erinnern konnte. Mit Männern hatte es schöne und anstrengende Zeiten gegeben. Wir waren geschwebt und hatten uns festgebissen, waren nicht weitergekommen, hatten Sachen hinkriegt, uns gestützt und uns enttäuscht. Alles eben. Gefühlt würde ich sagen: Nein, das ist nicht wahr. Ich brauche keinen Mann. Nicht absolut notwendig.

Lange Zeit habe ich geglaubt, für ein Idealexemplar von Mann würde ich alles stehen und liegen lassen. Nur war der bis jetzt noch nicht vorbeigeritten gekommen. Würde es den geben, würde ich ihn auch brauchen. Zweimal Konjunktiv. Meine Antwort auf die erste Frage lautete also Nein.

Wie reagiere ich, was passiert, wenn ich glaube, ich brauche einen Mann?

Erst einmal stelle ich fest, dass dieser Gedanke stets in Situationen aufgetaucht ist, die ich als schwierig empfunden habe. Aus einer heiteren Gelassenheit heraus hat er sich nie gezeigt. In allen Situationen, an die ich mich erinnere, führte dieser Gedanke dazu, dass ich mich unfreier fühlte, glaubte, ich müsste etwas festhalten, müsste irgendetwas sein oder tun, was sich nicht wirklich stimmig angefühlt hat. Das war immer schmerzhaft, anstrengend, und ich fühlte mich abhängig. In der Rückschau sehe ich, dass ich einem Mann ein gutes, aufgehobenes Gefühl geben will, nur weil ich glaube, seine Zuneigung zu brauchen. Wie ich mir langatmige Geschichten anhöre, um den, den ich brauche, nicht zu verletzen. Wie ich die Eltern des Mannes ertrage und lieb lächle, während ich ihnen am Frühstückstisch die Butter herüberreiche. Wie ich immer wieder einlenke und mit mir herumdiskutiere in dem Versuch, mich umzustimmen. Heute nenne ich das: mich wegdiskutieren. Ich folge meinen Gedanken, nicht meinen ehrlichen Impulsen. Ja, diese Diskussion soll sogar dahin führen, dass ich mich gut übergehen kann, dass ich noch mehr auf den anderen höre. »Ich brauche« fühlt sich einfach unfrei an. Besonders, wenn ich etwas zu brauchen glaube, das selbst lebendig und in einem ständigen Wechsel begriffen ist.

Wer wäre ich ohne den Gedanken?

Jetzt und hier auf der Bank in den Bergen weitet sich mein Brustkorb, ich atme tief ein, und mir ist, als könnte ich mich weit ins Tal hinein dehnen. Eine ziemliche Freiheit kann ich da spüren. Ich atme, schaue, fühle. Jegliche gedankliche

Fixierung löst sich, Denken allgemein ist gerade nicht wichtig. Welch eine Erleichterung! Ich spüre, wie sicher ich bin. Auf einer Bank, hinter mir ein Wald, vor mir das Tal. Wie ich schon immer völlig sicher war, ob ich nun viel oder wenig hatte, ob ich in der Natur war oder in der Stadt, ob ich ausschlafen konnte oder nicht. Ob da ein Mann war oder gerade keiner. Wie es immer nur die Gedanken sind, die ein Drama kreieren, einen Mangel, ein »Ich brauche«. Oft sogar ein Drama mit Schachmatt: »Ich brauche etwas, was gerade nicht da ist und was ich auch gerade nicht bekommen kann.«

Wenn ich nicht meinen Gedanken folge, sondern meinen Impulsen, gehe ich einfach los und tue das, was sich in dem Moment richtig anfühlt. Dann kann ich handeln, ohne mich erst gedanklich zu verstricken. Folge ich meinen Impulsen, muss ich auch nicht dauernd versuchen, mit meinen Gedanken für Sicherheit zu sorgen. Meine Impulse kann ich nicht vordenken, die sind immer jetzt. Immer wieder neu. Alles was ich brauche, ist die Bereitschaft, sie wahrzunehmen.

Ich brauche keinen Mann.

Dies ist eine Umkehrung des Gedankens, der mich gestresst hat. Könnte dieses Gegenteil auch wahr sein?

Ich brauche keinen Mann für mein Ansehen in der Gesellschaft, denn ich bin nicht erst vollständig, wenn ich es geschafft habe, in einer liebevollen, funktionierenden Beziehung zu sein. Und niemand hat je in meiner Gegenwart geäußert, dass meine gesellschaftliche Stellung sich verbessern würde, wäre ich glücklich verheiratet.

Ich brauche keinen Mann für meine Familie als Vorzeigepartner. Meine Familie kennt mich sowieso schon. Vielleicht lieben sie nicht immer alles, was ich tue, aber wir nehmen uns so, wie wir sind, und freuen uns immer, wenn wir uns sehen. Sogar meine Oma hat aufgehört, mich zu fragen, wann denn nun »der Richtige« kommt. Ha! Da fällt mir ein, dass ich vor der letzten familiären Gartenparty sogar zum Telefonhörer gegriffen habe. Ich war mir nicht ganz sicher und sah dies als Gelegenheit, ein Gespräch über das Thema zu führen. Ich fragte meinen Onkel, ob es für ihn o. k. sei, wenn ich mit meinem neuen Freund zur Party komme. Nun hätten sie sich doch gerade ein paar Jahre an den einen gewöhnt und sie selbst seien ja schon ewig verheiratet ... Ich war erfreut zu hören, dass es ihnen egal war, wen ich mitbrachte. Sie würden sich freuen, mich zu sehen und bisher hätte ich ja immer freundliche und angenehme Menschen mitgebracht. Also, auch für meine Familie brauche ich keinen Mann. Ein Kind ist schon gezeugt und aufgezogen worden, dafür also auch nicht.

Ich brauche auch keinen Mann zur Bespaßung meiner Tochter. Die muss in ihrem pubertierenden Alter nun auch von mir nicht mehr bespaßt werden. Wahrscheinlich hätte ich diesen Gedanken auch schon viel früher überprüfen können. Ich weiß, dass meine Tochter es liebt, von Menschen umgeben zu sein, doch wenn sie Abwechslung und Unterhaltung möchte, kann sie ihre eigenen Freunde finden. Mein Herz und meine Wohnung stehen ihren Freunden immer offen. Außerdem haben wir es auch immer sehr schön, wenn wir alleine sind.

Ich brauche keinen Mann als Helfer und finanziellen Unterstützer. Helfen können Freunde auch, und finanziell wollte ich schon immer unabhängig sein und war das auch weitestgehend immer. Es gibt mir Kraft und Elan, selbst etwas auf die Beine zu stellen. Ich liebe es, dafür Lösungen und Wege zu finden.

Ich brauche keinen Mann als Zeitvertreib. Denn ich habe noch nie das Bedürfnis verspürt, mir meine Zeit vertreiben zu müssen. Im Gegenteil, ich hätte nichts dagegen, ein wenig mehr davon zu haben.

Ich brauche keinen Mann, um lieben zu können oder um Liebe zu empfinden. Ich kann für alles, was existiert, mein Herz öffnen. Alles kann mir ein Anlass sein, um Liebe zu spüren und fließen zu lassen. Jahrelang habe ich nicht verstanden, was Byron Katie mit ihrem Ausspruch gemeint hat: »Alles ist FÜR dich – nicht gegen dich.« Auch scheinbar schwierige Momente können mich wieder zu mir bringen. Sie können mir zeigen, welchen Schmerz es verursacht, wenn ich nicht bei mir bin. Und sie zeigen mir den Weg zu mir.

Ich brauche noch nicht einmal einen Mann für Sex. Das schreibe ich hier einfach erstmal so hin. Ganz sicher bin ich mir noch nicht, halte das aber für möglich. Bisher habe ich noch nie versucht, mal ohne auszukommen, aber mich reizt dieses Experiment. Ist Sex etwas, was ich brauche, um mich in meinem Körper wohlzufühlen? Zumindest kenne ich ein paar Menschen, die vor Lebenslust strotzen und die diese Lebendigkeit nicht aus gutem Sex beziehen.

Wahrer ist die Umkehrung:

Ich brauche mich.

Ob nun mit oder ohne Mann. Nachdem ich mit der Work so weit gekommen war, da oben auf dem Berg, war ich bereit, wirklich meinen Impulsen zu folgen. Für mich wäre das in jedem Falle gut. Und wenn wir dann damit nicht zusammenkommen würden, dann könnte ich mich immer noch auf mein ursprüngliches Vorhaben besinnen. Denn eine Zeit nur mit mir erschien mir immer noch attraktiv.

Gleich nach meiner Rückkehr begann das Experiment. Ich ging abends ins Bett, er lag schon dort. Er klopfte mit seiner linken Hand auf die Matratze, ich setzte mich dorthin. Er nahm meine Hand, schloss die Augen und schien einen innigen Moment zu haben. Das war schön zu sehen. Eine Minute ungefähr. Dann bemerkte ich eine Unruhe in mir, die linke Schulter tat mir weh, und ich saß ein wenig verdreht da auf der Bettkante. Mein Impuls war: ich wollte mich hinlegen. Mein Gedanke: Ich darf ihm diesen Moment nicht kaputtmachen. Ich sollte hier warten, bis er selbst ein Zeichen gibt, dass dieser Moment vorbei ist, vielleicht die Augen öffnet, oder meine Hand wieder loslässt.

Nun hatte ich ja aber gerade beschlossen, meinen Impulsen zu folgen und nicht meinen Gedanken. Also nahm ich sanft meine Hand aus seiner und legte mich neben ihn. Ahh, das tat gut. Mein Rücken entspannte sich, und ich kicherte ob der neuen Freiheit, die ich mir gerade eroberte. In meinem Herzen hatte ich ihn ja nicht weniger lieb. Er drehte sich zu mir um und fragte, was der Grund meines Kicherns sei. Ich erzählte es ihm, und er kicherte mit. Nein, ich hatte ihm diesen Moment nicht kaputtgemacht. Es war nicht doof für ihn, dass ich nicht an der Bettkante sitzengeblieben war. Ich lächelte ihn an, und mir war, als würde die Sonne aus mir herausscheinen.

Es war nur eine Geschichte in meinem Kopf. Die: Ich bin

keine gute Partnerin, wenn ich … [was auch immer] – Geschichte.

Am nächsten Morgen spürte ich schon während des Frühstücks eine Unruhe in mir. Ich hatte einiges vor, und eine Seminarreise stand an. Normalerweise finde ich es unhöflich, aufzustehen, wenn er noch isst. Diesmal fragte ich ihn einfach, und er sagte:»Na ja, o. k.«»o. k.« reichte mir, um weiter mein Ding zu machen. Ich ging an meinen Schreibtisch und fühlte mich leicht. Keine seltsamen Kompromisse. Die Verabschiedung war dann wieder innig.

Im Zug ergab sich gleich die nächste Gelegenheit. Eine Coachingfrau schrieb mir, sie habe gesehen, dass ich ein Seminar an ihrem Wohnort gebe, das sei ja wunderbar, jetzt könnten wir uns endlich mal treffen. Mein Impuls: Ich seufzte. Mein Gedanke: Jetzt hat sie schon so oft gefragt, und ich hatte immer keine Zeit oder keine Kapazitäten.

Nun hatte ich mich heute Abend aber auf mein ruhiges Hotelzimmer gefreut, darauf, allein zu sein. Und jetzt das. Ich bot ihr an, als Assistentin am Seminar teilzunehmen und fand das eine gute Idee. So würden wir uns kennenlernen, wären über die Sache verbunden, die wir beide liebten, und ich musste meinen freien Abend nicht beschneiden. Ich schrieb zurück, dass ich heute Abend mal Ruhe brauche und dachte, damit wäre die Sache klar. Sie antwortete, dann könne sie mich doch vom Bahnhof abholen und ins Hotel bringen. Ich staunte über so viel Hartnäckigkeit. Es sah aus, als würde sie dieses Treffen wirklich sehr wollen. Ich fing an, mit mir zu verhandeln. Na ja, vom Bahnhof abholen ist doch nicht schlimm … Ist ja nur kurz … Könnte doch auch ganz nett sein… Und dann merkte ich es: Ich war mal wieder dabei, mich wegzudiskutieren! Nein, ich habe mich dafür nicht gescholten. Ich freute mich, dass ich es bemerkte. Das war großartig, ich war tatsächlich dabei, noch feiner auf das zu hören, was ich wirklich wollte. Ich schrieb zurück, dass ich mich für ihr Angebot bedanke, aber nicht vom Bahnhof abgeholt werden wolle und war schon gespannt, wie die Geschichte weitergehen würde. Ich war ja nicht verpflichtet, Zeit zu haben. Ich »brauchte« auch ihr Einverständnis und ihr Wohlwollen nicht.

Ich bin nicht verpflichtet, mich mit allen zu treffen, die mich treffen möchten, auch wenn das vielleicht die freundlichsten Menschen der Welt sind. Ich darf so ein Angebot einmal ablehnen, dreimal oder auch zehnmal.

Sie antwortete, es sei kein Problem, mich nicht vom Bahnhof abzuholen, und sie würde gern die Assistenz übernehmen. Nun freute ich mich wieder darauf, sie kennenzulernen.

Wie wunderbar es doch ist, klar zu sein, nicht rumzueiern nach dem Motto: »Na, mal sehen, ja? Ich melde mich nachher nochmal.« Mich nicht zu rechtfertigen: »Tut mir leid, dass ich schon wieder Nein sagen muss, aber sonst bin ich morgen nicht frisch, und ich muss ja auch noch was vorbereiten…« Oder zu erklären: »Weißt du, ich hatte die letzten beiden Tage Veranstaltungen und außerdem Besuch zu Hause und brauche wirklich etwas Ruhe.« Es nicht dem anderen in die Schuhe zu schieben: «Warum insistierst du denn so? Das ist mir nicht angenehm…«

An der Wand über meinem Schreibtisch hängt ein Spruch, den ich irgendwo aufgeschnappt habe:

Bitte um Verzeihung, nicht um Erlaubnis!

Es müssen nicht erst alle einverstanden sein, oder mich verstehen, bis ich mein Leben so leben darf, wie ich es möchte. Es ist umgekehrt. Erst lebe ich mein Leben und dann sehe ich, wer damit einverstanden ist. Im schlimmsten Fall kann ich, sollte ich mich echt mal danebenbenommen haben, immer noch um Verzeihung bitten.

4 Vorsätze

Ich muss schaffen,
was ich mir vorgenommen habe

Wie war mein Leben immer dann, wenn ich geglaubt habe, ich könnte alles schaffen, wenn ich mich nur genug anstrenge?

In der achten Klasse habe ich zum ersten Mal bewusst gefühlt, wie es ist, etwas schaffen zu wollen, das nicht gelingt. Es war im Chemieunterreicht. Ich verstand einfach nichts mehr davon, was die Lehrerin der Klasse erzählte. Ich hörte ihre Worte und sah Buchstaben und Zahlen an der Tafel, nur der Sinn erschloss sich mir nicht. Anderen Schülern in meiner Klasse schien das nicht so zu gehen, sie wussten durchaus etwas mit den Formeln anzufangen. Ich erinnere mich noch an den Tag, als der Gedanke auftauchte, dass ich da etwas ändern müsse, wollte ich nicht vollends den Anschluss verlieren.

Ich gab mir also besondere Mühe, in der Chemiestunde zuzuhören. Dabei versuchte ich, meinen Körper zu kontrollieren, der immer wieder in die Schulbank einsinken wollte. Das musste doch zu schaffen sein! Doch immer wieder wurde mein Kopf schwer, meine Gedanken wanderten woandershin, und bis ich es überhaupt bemerkte, waren schon wieder viele

Zahlen und Buchstaben unverstanden an mir vorbeigerauscht. Ich versuchte es mit Strenge, ich versuchte es mit Körperspannung, ich stellte mir vor, im Theater zu sitzen und einem spannenden Monolog zu lauschen. Was immer ich ausprobierte, funktionierte für eine Spanne von drei bis vier Minuten, dann verlor es sich auf wundersame Weise. »Aber«, sagte dann mein Verstand: »Das muss doch gehen! Wenn ich es will, muss das doch möglich sein!«

Ich muss schaffen, was ich mir vorgenommen habe.

Wie fühlt es sich an, etwas zu wollen, was nicht geht? Oder was zumindest im jetzigen Moment nicht geht? (Mit dem Abstand von über fünfunddreißig Jahren halte ich es heute für möglich, dass es auch für mich einen Weg gegeben hätte, Chemie zu verstehen, nur dass sich mir dieser Weg damals nicht gezeigt hat.)

Wie reagiere ich, wenn ich etwas kontrollieren möchte und es gelingt mir nicht?

Damals fand ich mich unmöglich. Ich hatte versagt. Ich war nicht stark genug, etwas hinzubekommen, was ich doch wollte.

Wie fühlt es sich an, so mit mir umzugehen?

Das ist eine mögliche Unterfrage, die ich zur dritten Frage stellen kann, um tiefer zu erfassen, wie mein Leben ist, wenn ich meinen stressigen Gedanken glaube.

Immer, wenn ich glaubte, es müsse doch möglich sein, mich länger als vier Minuten am Stück zu konzentrieren und zu verstehen, was die Chemielehrerin da erklärte und mir dies nicht gelang, fühlte ich mich wertlos, war ich ein schlechter Mensch. Ich hatte keine Kontrolle über mich. Ich verglich mich mit anderen, für die das kein Problem war und verlor ein Stück das Vertrauen in mich selbst.

Selbstverständlich habe ich das niemandem gezeigt. Weder der Lehrerin (die sollte den Stoff schon so vermitteln, dass auch ich ihn verstand) noch den Mitschülern (das wäre ja uncool gewesen) noch meinen Eltern (denn dann hätten sie mit der Einschätzung, dass ich mich nicht genug anstrenge, ja recht gehabt). Weiterhin tat ich nach außen hin so, als hätte ich den vollen Durchblick. Das war anstrengend. Als Ausgleich gab ich mir Mühe, auf andere Weise ein cooler Typ zu sein. Ich rauchte auf der Schultoilette, warf im Winter Schneebälle mit Knallern drin und heckte allerlei Unerwünschtes aus, um aufzufallen.

Später, in meinem Musikstudium, geschah das Gleiche noch einmal. Da war es mein innigster Wunsch, vom Blatt singen zu können. Einfach den Klavierauszug oder die Partitur aufschlagen, die Sache überblicken, atmen und lossingen. Stundenlang saß ich am Klavier und übte Intervalle. Quinten, Quarten, Dreiklänge. Ich nahm Nachhilfeunterricht und las Bücher dazu, doch was immer ich auch tat, es wollte nicht klappen. Und immer, wenn ich dem Gedanken glaubte, ich müsste es schaffen, stieg eine Mischung aus

Wut und Ohnmacht in mir auf, die natürlich auch nicht gerade zum Gelingen beitrug.

Wer wäre ich ohne diesen Gedanken gewesen?

Wer wäre ich gewesen, wenn ich nicht geglaubt hätte, ich müsse schaffen, was ich mir vorgenommen habe?

Ich hätte es versucht, in jedem Fall. Ich hätte versucht, diese Sache zu lernen. Aber ohne den Gedanken, dass es doch gehen müsste, hätte ich mich nicht so verurteilt. Es wäre ein unergründliches Phänomen gewesen. Wenn dieser Gedanke nicht aufgetaucht wäre, hätte ich mich vielleicht gewundert, hätte Freunde eingeweiht, mal nachgefragt, ob es anderen auch so geht. Ich wäre verständnisvoller mit mir gewesen. (Und wann kann man das mehr gebrauchen, als in Momenten, wo etwas nicht so klappt, wie man es will?) Verständnisvoll mit mir selber sein, heißt ja nicht, dass ich immer gleich alles hinschmeiße. Verständnis ermöglicht mir einen freundlichen Zugang. Ermöglicht mir, mich und das, was geschieht, mit freundlichen Augen zu sehen.

Wie wäre mein ganzes Leben gewesen, hätte ich mich, was immer ich auch getan hätte, was immer auch geschehen wäre, mit freundlichen Augen sehen können? Wie wäre ich durch mein Leben gegangen, wäre ich mir selbst mit Verständnis begegnet?

Bereits in dem Moment, in dem ich mir nur die Frage stelle und noch keine einzige Antwort aufgetaucht ist, fühlt sich mein Körper weicher an. Es wird mir warm ums Herz, und eine unbestimmte Härte und Strenge fällt von mir ab.

Selbst wenn andere streng zu mir waren – ich hätte es nicht sein müssen. Mit diesem freundlichen Herzen hätte ich auch sehen können: Niemand möchte so eine Strenge wirklich. Niemand wünscht sich, sich zu verhärten, sich unter Druck zu setzen. Das tun Menschen nur, weil sie glauben, keine Wahl zu haben, weil sie es nicht anders gelernt haben. So wie ich. Ich hatte es nicht anders gelernt. Es ist nichts als ein übernommenes Muster, ein übernommener Gedanke.

Sobald ich ihn nicht mehr glaube, bekommt die Freundlichkeit mehr Platz. Und kann ich mir selbst mit Verständnis begegnen, kann ich allem, was existiert, mit Verständnis begegnen – um nicht zu sagen, mit Liebe.

Ein Gegenteil, eine Umkehrung für den Gedanken: Ich muss schaffen, was ich mir vorgenommen habe, lautet:

Ich muss *nicht* schaffen, was ich mir vorgenommen habe.

Diese Umkehrung entlastet mich sofort, wenn ich gedanklich in einer meiner stressigen Situationen bleibe. Ich muss nicht schaffen, was nicht zu schaffen ist. Würde ich weiter dem Pfad der Einwände folgen, würden Gedanken auftauchen, die mir erzählen, welche schrecklichen Konsequenzen das für mein Leben haben wird, wenn ich beschließe, nichts mehr schaffen zu müssen. Damit würde ich die Work verlassen. Denn nachdem ich die Umkehrung gefunden habe, finde ich Beispiele, warum diese Umkehrung stimmt. Mein erstes Beispiel lautet:

Weil es nicht geht. Weil es in diesem Moment einfach nicht ging. Ich hatte den Schlüssel nicht in der Hand. Ja, ich bin noch nicht einmal durch die richtige Tür gegangen.

Ich erlaube mir, dieses Beispiel zu fühlen. Nochmal zu spüren, wie unmöglich das zum damaligen Zeitpunkt war. Damit mein ganzes System begreift, dass es nur ein Gedanke ist, der mir das Leben schwergemacht hat. Wenn ich ein Beispiel gefunden habe, halte ich Ausschau nach einem zweiten. Drei ehrliche, konkrete Beispiele zu finden ist wichtig, damit mein Blickwinkel sich nachhaltig ändern kann. Je mehr Beispiele ich finde, umso besser stehen die Chancen, dass meine neue Perspektive sich in meinem Leben ausbreitet und die alte, die mich belastet hat, gehen kann.

Von heute aus kann ich sehen: Mein Weg ging woanders lang. Er ging nicht über Chemie, Physik und Mathematik und auch nicht über den mathematischen Teil der Musik. Ich bin gut in kreativ-künstlerischen Dingen, und ich helfe unheimlich gern. Außerdem fühle ich mich in praktischen Dingen weit mehr zu Hause als in theoretischen.

Dieses Beispiel zu fühlen zeigt mir, dass das Vertrauen, dass ich meinen Weg schon finden würde, damals noch wenig ausgeprägt war. Und je länger ich mich an den Dingen abarbeitete, die mir so furchtbar schwerfielen, umso mehr verlor ich dieses Vertrauen. Heute muss ich nichts mehr schaffen, was offensichtlich nicht gelingen will. Damit ist nicht gemeint, dass ich alles, was nicht innerhalb von drei Sekunden einen Nobelpreis bringt, in den Müll werfe. Was ich beginne, bekommt eine reale Chance. Aber ich beiße mich nicht fest. Ich erleide keinen Nervenzusammenbruch, breche mit Burnout zusammen oder laufe Amok. Es begleitet mich ein wärmendes Vertrauen, dass nicht alles auf die harte Tour erkämpft werden muss.

Auch das ist eine Umkehrung eines Glaubenssatzes meiner Kindheit. Manchmal tut es gut, sich in etwas reinzuknien, sich hineinzugeben bis zur Erschöpfung. Nur, dass dies keine krankmachende Erschöpfung ist, sondern eine produktive.

Mein drittes Beispiel:

Ich muss nicht schaffen, was ich mir vorgenommen habe, weil mich diese Verbissenheit das Leben nicht genießen lässt. Außerdem würde diese Verbissenheit dann auch in diese Dinge hineinfließen, die ich schaffen will, und ihnen schaden. Denn wer will schon eine Sängerin hören, die mit höchster Verbissenheit an ihren Arien herumkaut? Wenn ich das Singen nicht genießen kann, ist es wahrscheinlich, dass die Zuhörer das auch nicht können. Was hätte ich damit also erreicht? Und ich habe noch ein viertes Beispiel:

Ich muss gar nichts. Ich bin diesem Leben gegenüber zu nichts verpflichtet. Ich muss mich nicht in die Leistungsgesellschaft einfügen, wenn ich das nicht will. Ich muss nicht in Mitteleuropa wohnen, wenn mir das nicht gefällt, und ich muss noch nicht einmal leben, nur weil dieses Leben mir irgendwann einmal geschenkt wurde. Seit ich ein Kind habe, bemerke ich immer wieder, dass es da doch eine Verpflichtung gibt, aber die will ich auch, die *muss* ich nicht.

Muss ich es schaffen, Sängerin zu werden, weil ich das studiert habe? Weil ich so viel Zeit investiert habe, Geld verbraucht, Dinge gelernt habe und jede Menge Notenstapel zu Hause rumliegen? Weil es in der Vita blöd aussieht, wenn da steht: Sieben Jahre Hochschulstudium und das sozusagen für nix?

Muss ich es schaffen, mit meinem Partner zusammenzubleiben, weil alle sagen, dass man eine Beziehung nicht einfach so wegwerfen kann? Weil wir ein paar gute Jahre hatten, in denen wir uns bereichert haben? Wie viele Jahre Arbeit sollte ich mir dafür aufbürden? Wie lange die Zähne zusammenbeißen, wie viele Kompromisse machen? Und liegt es wirklich in meiner Macht, es zu schaffen? Bin *ich* es, die es schaffen muss? Und kann da Liebe fließen, wenn ich es *schaffen* muss? Könnte es sein, dass das Es-schaffen-Wollen geradezu verhindert, dass Entwicklung geschieht? Dass wir verstehen, wo das Leben mit uns hinwill? Dass wir uns fallenlassen können und uns der Liebe, die wir noch ehrlich fühlen, hingeben können? Dass wir diesem dünnen Faden folgen können – manchmal auch unsortiert und ohne Plan?

Kann ich es schaffen, immer freundlich und aufmerksam zu reagieren, wenn ich mir das vornehme? Oh, wie oft habe ich das schon versucht – und ja, doch, Teilerfolge habe ich zu verzeichnen. Dennoch ist immer ein großes Wort, und wenn dieser Anspruch herrscht, wird es eng. Vielen Menschen gelingt es durchaus, freundlich zu reagieren, selbst wenn sie ärgerlich sind oder verletzt. Aber ist diese erzwungene Freundlichkeit wirklich freundlich? Fließt sie aus meinem Herzen in deins? Bewirkt sie, dass wir uns einander nah fühlen?

Sich zu einem bestimmten Verhalten zu zwingen, fühlt sich für mich meist konstruiert an, festgehalten. Ich habe es dann vielleicht geschafft, dass nichts Ungutes passiert ist, aber etwas Gutes ist auch nicht geschehen. In meinem Erleben ist Aufrichtigkeit ein höheres Gut als Freundlichkeit um jeden Preis. Und muss ich es wirklich schaffen, auf eine bestimmte Weise zu reagieren? Wie wäre es, wenn ich das noch offenlassen könnte? Mal sehen, wie ich reagieren werde. Ich kann mich selbst überraschen lassen, was ich wirklich empfinde. Ich möchte meine ehrlichen Impulse höher schätzen als das Konstrukt, welches ich mir überlegt habe. Aha, denke ich manchmal, das fühle ich also. Aha, das bin ich also auch.

Mir kommt beim Thema Schaffen noch ein anderer Aspekt in den Sinn: Habe ich die Dinge, die sich durch mich verwirklichen, überhaupt selbst geschafft?

Meine Eltern haben viel gelesen, und auch ich konnte tagelang mit einem Buch auf dem Sofa liegen. Habe ich dieses Interesse bewusst ausgebaut? Keine Ahnung, Mühe hat es mich jedenfalls nicht gekostet. Ich habe einfach zum nächsten Buch gegriffen. Und zum nächsten.

Viele Jahre später trug es sich zu, dass ich mehr Zeit als Geld hatte und eine Idee für ein Theaterstück notierte. Daraus wurden drei Seiten. Ein Freund lachte, als er es las, und war gleichzeitig berührt. Er sagte: »Schreib doch mal was.« Ich verstand nicht. »Schreib doch mal was? Was denn?« Er zuckte mit den Schultern. »Irgendwas.« Ich setzte mich vor meinen Laptop und schrieb einen Satz. Der klang gut. Ich hatte das Gefühl, es könnte der erste und gleichzeitig der letzte Satz dieser noch nicht vorhandenen Geschichte sein. Ich schrieb ihn noch einmal hin, machte dazwischen etwas Platz und wartete auf die passende Geschichte. Drei Monate später konnte ich im Copyshop für den Freund ein Büchlein mit drei Geschichten binden lassen, ein Jahr später war ein Erzählband fertig.

Mir lief eine Studie über den Weg, die besagt, dass die allermeisten Schriftsteller, bevor sie zu schreiben begannen, bereits viel gelesen hatten und sich ihr Schreibstil und ihre Vorlieben aus dem formten, was sie vorher an Geschriebenem in sich aufgenommen haben.

Sind die Bücher, die ich mittlerweile geschrieben habe, überhaupt ausschließlich auf meinem Mist gewachsen? Habe *ich* das geschafft? Bekommen wir unsere Talente nicht geschenkt? Oft entwickeln sich Talente ganz von selber, manchmal sogar auf interessanten Umwegen, deren Sinn sich einem erst später erschließt.

Und noch etwas fällt mir auf, wenn ich über das Schaffen nachdenke. Möchte ich etwas aus einer Mangeleinstellung heraus schaffen, habe ich meine Aufmerksamkeit auf das Schwierige gelenkt. Dann bekomme ich wahrscheinlich noch mehr davon. Ich verurteile mich, finde mich ungenügend, und es sieht aus, als wäre die Welt unfreundlich zu mir. Auf diese Weise mache ich es mir extra schwer, und es wird unwahrscheinlicher, dass ich es schaffe.

Kann ich meine Aufmerksamkeit hingegen auf das richten, was schon funktioniert, und ein Gefühl der Dankbarkeit fühlen, bin ich nicht im Mangel. In meinem Leben gibt es so viel, wofür ich dankbar bin. Angefangen bei meiner puren Existenz und der meiner Tochter, nicht zu reden von den großartigen Freunden und Wegbegleitern, die mein Leben bereichern. Auch dass ich ihres bereichern darf, erfüllt mich mit Freude. Ich bin unheimlich dankbar, dass ich The Work gefunden habe und dass mein Körper jeden Tag funktioniert und seine Arbeit tut. Und auch die kleineren Dinge erfüllen mich mit Dankbarkeit (Ist das wahr: Sind das kleinere Dinge?), wie, dass jemand den Kaffee erfunden hat und ich dieses köstliche Getränk jeden Morgen in mich hineinschlürfen darf. Ich bin meiner Mutter sehr dankbar, dass sie so gern Zeit mit meiner Tochter verbringt – was hat sie mich nicht schon unterstützt und mir

geholfen! Sie hat meiner Tochter gezeigt, wie man die Näh-
maschine bedient, und wer weiß, was daraus noch erwächst.
Ich bin dankbar, dass ich in einem Land leben darf, in dem
kein Krieg herrscht und ich andere unter-
stützen kann, denen dieses Glück nicht zu-
teilwird. Ach, diese Liste könnte ein ganzes
Buch füllen.

Haben Sie auch so eine Liste?

Immer, wenn mir bewusst ist, welches Glück ich schon habe
und lebe, wie viel mir schon möglich ist, kann ich meine
Wünsche und Pläne aus einer inneren Kraft heraus in die Welt
bringen. Aus dieser Ruhe kann ich auch gut erkennen, wann
ich wieder etwas schaffen will, was nicht zu schaffen ist und
mich erfreulicheren Dingen zuwenden.

5 Kindererziehung

Was ist meine Angelegenheit?

*D*er erste Rat, den ich hörte, als meine Tochter gerade geboren war, kam von der Kinderärztin. Sie legte uns Eltern ans Herz, über dem beschützenswerten neuen Leben unser eigenes nicht zu vergessen. Vermutlich haben wir so ausgesehen, wie wir uns fühlten: ramponiert, übermüdet und bereit, alles zu geben.

Beim Erscheinen dieses Buches ist meine Tochter fünfzehn. Wir haben eine schöne Strecke gemeinsam zurückgelegt, in der all diese Fragen immer wieder neue Antworten brauchten: Wie sehr muss/möchte ich für sie da sein? Wie weit muss/möchte ich meine Bedürfnisse zurückstellen? Sollte meine Liebe jetzt nicht vorrangig zu meinem Kind fließen und nicht mehr zu mir? Bin ich egoistisch, wenn ich mich mit meinen Gefühlen und Wünschen wichtig nehme?

Ich kannte The Work schon, bevor ich schwanger wurde. Ich habe geworkt, als mein Kind mir die Nächte zum Tag gemacht hat, als es mit drei Jahren seine Windel immer noch nicht loswerden wollte, als es nicht bereit war, auch gesunde Nahrungsmittel zu sich zu nehmen, als es grundsätzlich alles anders wollte als ich, als es sich alle zehn Minuten auf den Boden warf und schrie. Ich habe geworkt, als es nicht pünktlich nach Hause kam, als es sich nicht selber beschäftigen und ständig von mir bespielt werden wollte, als es anfing, alle Lehrer doof zu finden, und als es nur noch zu Hause rumliegen wollte.

Am meisten hat mir für die »Kindererziehung« allerdings die klare Bestimmung der Angelegenheiten geholfen. Byron Katie, die Begründerin von The Work hat diese Sache aus meiner Sicht wunderbar auf den Punkt gebracht. Sie sagt, sie könnte auf dieser Welt nur drei Arten von Angelegenheiten finden: meine eigene, die von anderen Lebewesen und die des Schicksals, des Universums oder Gottes.

Alles, was wir menschlichen Wesen nicht beeinflussen können, ist die Angelegenheit des Schicksals. Das Wetter, Vulkanausbrüche und alles, was im Universum vor sich geht.

Dann gibt es noch die Angelegenheiten anderer. Viele Menschen verbringen dort einen Großteil des Tages. Sie tun etwas für (oder gegen) jemand anderen, ohne gefragt zu haben. Oft ist das gut gemeint, aber dennoch nicht wirklich gut. Menschen die gern und ungefragt helfen, verstehen meist die Welt nicht mehr, wenn der, dem sie geholfen haben, über die geleistete Hilfe nicht begeistert ist. Sie räumen für andere auf, denken für andere mit, entscheiden für andere und sprechen für die anderen.

Man kann aber auch lediglich gedanklich in den Angelegenheiten anderer Menschen sein. Nehmen Sie sich bitte mal ein Minütchen und schauen Sie in einen Ihrer normalen Tage. Wie viel Zeit sind Sie üblicherweise in Gedanken bei jemand anderem? In Gedanken dabei, ihm zu sagen, was er tun, denken, oder lassen sollte? Haben Sie Ideen und Vorstellungen, was für den anderen gut wäre? Hand aufs Herz – es sieht ja hier keiner – wie viel Prozent des Tages befinden Sie sich mit Ihren Gedanken in den Angelegenheiten anderer Menschen? Achtzig Prozent ist der Richtwert, auf den die meisten meiner Seminarteilnehmer sich einigen können.

Wenn ich mich in den Angelegenheiten anderer befinde, hat das einige Nachteile:

1) Bei mir ist niemand zu Hause. Ich beschäftige mich in meinen Gedanken damit, was der andere sollte und was gut für ihn wäre. In dieser Zeit kümmere ich mich weder um meine geistige noch um meine körperliche Gesundheit, und ich tue auch nichts, um meine finanzielle Lage zu verbessern oder beruflich voranzukommen. Ich lese kein gutes Buch, und spüre mich nicht. Ich beschäftige mich auch nicht mit meiner Liebesfähigkeit oder mit irgendetwas anderem, was in meiner Macht steht und was ich mir für mein Leben wünsche.

2) Bin ich gedanklich in den Angelegenheiten anderer Menschen, betrete ich deren Hoheitsgebiet. Selbst wenn ich diese Gedanken nicht ausspreche, wird das für mich und auch für den anderen in irgendeiner Form als Einmischung spürbar sein. Wenn ich mir erlaube, das zu fühlen, dann fühlt sich so eine gedankliche Einmischung respektlos an.

3) Befinde ich mich gedanklich in den Angelegenheiten anderer, bewege ich mich auf einem Terrain, wo ich nichts ausrichten kann. Ich bin nicht handlungsfähig. Wenn ich will, dass mein Partner mir zuhört (und er kann oder möchte das gerade nicht), dann kann ich natürlich mein Trickkästchen öffnen und versuchen, ihn mit den verschiedensten

Strategien zum Zuhören zu bewegen. Ich kann lieb gucken, ich kann weinen, ich kann Druck ausüben oder etwas Schönes anbieten. Ich kann krank werden, oder mich bei seiner Mutter beschweren. Ich kann die ganze Palette ausschöpfen, und am Ende bleibt es doch allein seine Angelegenheit, ob er mir zuhört.

Will ich etwas an einer Stelle, wo ich nicht in der Hand habe, ob es passiert, ist Stress vorprogrammiert. Aus dieser Quelle fließt viel Ärger und Wut. Es ist einfach aussichtslos, etwas zu wollen, was ich gar nicht beeinflussen kann.

Anders verhält es sich nur dort, wo ich mich in meinen eigenen Angelegenheiten befinde. Denn dort kann ich etwas bewirken. Das ist genial und erspart mir auf einen Schlag mindestens fünfzig Prozent des gefühlten Stresses. Oft sogar mehr.

In meiner Angelegenheit bleiben heißt übrigens nicht, dass mir ab jetzt alles egal ist, was andere betrifft. Der Unterschied besteht darin:

Beklage ich mich über den Zustand der Welt, schüttle den Kopf über Politiker, die alles falsch machen, und gleite am Ende des Tages desillusioniert in den Schlaf, weil nichts so ist, wie es in meiner Vorstellung sein sollte – dann war ich in den Angelegenheiten anderer. Möchte ich eine bessere Welt, möchte ich, dass sich etwas bewegt, kann *ich* etwas bewegen. Ich kann mich um einen Flüchtling kümmern oder mich bei Amnesty International engagieren. Das kann ich wirklich tun, da bin ich handlungsfähig. Bin ich in meiner Angelegenheit, komme ich ins Handeln und der Gedankenstau löst sich auf.

Den meisten Menschen wird ziemlich schnell klar, wie nützlich und reinigend es für alle Beteiligten sein könnte, wenn jeder in seiner Angelegenheit bliebe. Zum Beispiel ist es für Paare, die seit Jahren in einem fest gewebten Muster aus Gewohnheiten, Ansprüchen und Meinungen über den anderen stecken, extrem hilfreich, sich immer wieder respektvoll aus den Angelegenheiten des anderen zurückzuziehen. Da entsteht Platz für echte Liebe. Liebe, die nicht daran gebunden ist, ob der andere meine Wünsche erfüllt.

Bei den eigenen Kindern sieht es auf den ersten Blick so aus, als wäre es schwierig, die Angelegenheiten auseinanderzuhalten. Schließlich ist es als Mutter doch meine Angelegenheit, für mein Kind zu sorgen, ihm das Leben zu zeigen und auf es aufzupassen. Natürlich, das stimmt. Wenn mein Leben mit meinem Kind oder meinen Kindern sich jedoch häufig stressig anfühlt, könnte ein prüfender Blick sich lohnen. Muss ich das wirklich alles, was ich zu müssen glaube? Kann ich einen Teil meiner Kontrollfunktion herunterschrauben und das Kind seine eigenen Erfahrungen machen lassen?

Ich höre meine Mutter noch stöhnen: »Immer musst du das Rad neu erfinden!« Liebe Mama, ich habe dich schrecklich lieb. Und ja! Die Erfahrungen der anderen reichen mir nicht aus, ich muss selber fühlen, selber sehen, selber hören. Selbst gemachte Erfahrungen sind die besten Lehrer.

Irgendwann habe ich angefangen, mir für das Zusammenleben mit meinem Kind eine Liste zu machen. Was fühlte sich stressig an? Welches waren die wiederkehrenden Situationen, in denen unser gemeinsames Leben plötzlich an Liebe einbüßte und sich Strenge, Genervtsein oder Frust einschlichen?

Und war das, was wir da brauchten, wirklich meine Angelegenheit? Gab es keine Möglichkeit, mich mit meinen eigenen Bedürfnissen wichtiger zu nehmen, die auch für das Kind gut war?

Hier kommt ein Auszug aus meiner Liste. Ihre eigene Liste sieht sicherlich anders aus. Meine Erkenntnisse müssen sich nicht mit den Ihrigen decken, aber sie können als Beispiele dienen, die Sie auf eigene Ideen bringen.

Es ist nicht meine Angelegenheit, ob mein Kind pünktlich in der Schule ist.

Das morgendliche Anziehen und Losgehen ist in vielen Familien ein Punkt, der schon für Reibung sorgt, bevor man noch ganz wach ist. Generve, Gezeter, Ermahnungen. Nicht nur das Kind, sondern meist auch der, aus dessen Mund die Worte fallen, ist davon angeödet: »Wie oft hab ich dir schon gesagt… Ich mache das nicht mehr mit… So geht es nicht weiter… Du bist so ein… Das darf doch wohl nicht wahr sein… Jetzt mach doch mal…«

Bei uns wurde es auf den letzten Metern immer hetzig. Schnell Zähneputzen. Schnell Tasche packen. Schnell noch die Mütze. Ach herrje, wo ist die denn geblieben? Hast du dein Schulbrot? Nein? Na Mensch, wo ist das denn jetzt?

Eines Morgens, meine Tochter war gerade zur Tür hinaus, ließ ich mich auf den Stuhl im Flur fallen und erlaubte mir zu spüren, was in mir vorging. Deutlich nahm ich wahr, wie anstrengend sich unser gemeinsamer Morgen anfühlte, wenn ich glaubte, alles im Kopf haben und dafür sorgen zu müssen, dass sie pünktlich aus dem Haus ging. Ich fragte mich:

Ist das wahr?

Muss ich dafür sorgen, dass meine Tochter pünktlich aus dem Haus geht? Ist es wirklich allein meine Angelegenheit?

Erschöpft hing ich auf dem Stuhl und wartete auf eine Antwort. Während ich wartete, fiel mir auf, dass meine Tochter keine Uhr hatte. Und dass sie, vom Frühstückstisch aus, auch unsere Wanduhr nicht sehen konnte. Ja, dass sie vielleicht noch nicht einmal wusste, welchem Zeitplan wir morgens folgten. Ich sprang auf, holte mir ein Blatt Papier und malte vier Uhren. 6.30 Uhr wecken. 6.45 Uhr aufstehen. 7.00 Uhr Frühstück. 7.15 Uhr Zähne putzen, anziehen. 7.30 Uhr losgehen.

Am Abend erklärte ich ihr die Sache und gab ihr eine alte Armbanduhr von mir. Sie fand das cool. Yeah, ein Experiment, etwas Neues, ein Abenteuer. Am nächsten Morgen saß sie um 7.00 Uhr am Frühstückstisch und ging um 7.30 Uhr los. Ohne Hetzerei. Da hatte ich die Antwort auf meine Frage: Nein, es ist nicht wahr, dass ich alles im Kopf haben muss. Nein, ich muss nicht jeden Morgen neu dafür sorgen, dass sie pünktlich aus dem Haus geht.

Ich hatte einfach überprüft, ob es meine Angelegenheit ist, mich darum zu kümmern, eine Idee war vorbeigekommen, und die Sache hatte sich aufgelöst. Spielerisch. Ein halbes Jahr später konnten wir den Zettel vom Tisch nehmen. Der Zeitplan war ihr in Fleisch und Blut übergegangen.

Es ist nicht meine Angelegenheit, dafür zu sorgen, dass mein Kind Hausaufgaben macht.

Abgesehen davon, dass ich inhaltlich schon nach ein paar Jahren Schulbesuch sowieso in fast keinem ihrer Fächer hätte mithalten können, verspürte ich überhaupt keine Lust, sie zu Hausaufgaben zu drängen. Zu Hause war zu Hause und nicht Schule. Die Lehrer geben die Hausaufgaben auf, und so kann es auch die Angelegenheit der Lehrer sein, dafür zu sorgen, dass sie gemacht werden. Meine Angelegenheit ist es, ihr ein Zuhause zu geben, wo sie sich wohl fühlt, geborgen ist und so sein kann, wie sie ist. Außerdem bin ich dafür, dass die Kinder nach der Schule noch Zeit zum Spielen haben, herumtoben und Unsinn machen können.

Es ist nicht meine Angelegenheit, ob mein Kind schläft.

Schon im Kindergartenalter hatte meine Tochter bei anderen Kindern übernachten wollen. Davon war sie auch jedes Mal einhundertprozentig überzeugt, bis ich dann im Kino saß, mein Telefon ging und sie wieder abgeholt werden wollte. Nach der Einschulung kamen diese Übernachtungen dann auch wirklich zustande, und es übernachteten auch Kinder bei uns. Das war meist auch für mich vergnüglich, bis unweigerlich der Moment kam, in dem ins Bett gegangen werden sollte.

Natürlich lagen die Kinder nicht zur anvisierten Uhrzeit im Bett, und ich riss mich nicht darum, der rumnörgelnde Spaßverderber zu sein, hinter dessen Rücken sich dann lustig gemacht wurde. Aber – auch als ich, ebenso wie Millionen andere Eltern, irgendwann sagte, dass nun aber wirklich geschlafen werden müsse, dass nun auch das Tuscheln aufhören müsse und jeder auf seine Lagerstatt zu wechseln habe, hörte ich nach dem Schließen der Kinderzimmertür weiterhin Geräusche. Ich führte ein »faires« Dreimal-klopfen-System ein. Sie fanden das gut. Ich schickte sie zwanzig Minuten früher ins Bett, damit sie noch genügend Zeit zum Tuscheln hatten. Tuscheln muss schließlich sein, wenn man bei einer Freundin übernachtet. Ich klopfte nach zehn Minuten um ihnen zu sagen, dass sie nun ruhiger werden könnten. Beim zweiten Klopfen bat ich darum, dass nun die Augen zugemacht werden und beim dritten war der Spaß vorbei, und jetzt war wirklich, aber auch wirklich Schlafenszeit. Sie waren einverstanden und ich hatte mir ein System geschaffen, das ich zwar fair fand, das mich aber gut auf Trab hielt. Da ich mich ja nun schon so um Fairness bemüht hatte, konnte ich deutlichen Ärger spüren, als ich im Nebenzimmer saß und sie durch die dünne Wand immer noch tuscheln hörte. Einmal ging ich ohne Klopfen ins Zimmer, sah ihr erschrockenes Zurückweichen, und sie taten mir leid. So hatte ich mich als Kind auch oft gefühlt. Erwischt! Oh Schreck!

Zurück in meinem Arbeitszimmer war mir klar, dass dies noch nicht die Lösung sein konnte. Als meine Tochter älter wurde, erinnerte ich mich, wie mich selbst in dieser Lebensphase Regeln immer mehr eingeengt hatten und dass meine Tricks, um diese Regeln zu umgehen, immer ausgefeilter geworden waren. Wollte ich das heute wieder so erleben? Dass mein Kind, welches ich über alles liebte, vor mir erschrak und dann versuchte, mich zu hintergehen? Wollte ich dieses Muster wiederholen, welches mir schon in meiner Kindheit vermittelt hat, dass ich »etwas falsch« mache oder gar »falsch bin«? Das Muster, das es mir lange Zeit schwergemacht hat, mich selbst zu lieben? War es wirklich meine Angelegenheit, darauf zu bestehen, dass sie zur festgelegten Zeit schlief?

Ich bewegte diese Frage eine Weile in mir und richtete beim nächsten Übernachtungsbesuch folgende Worte an die Mädchen: »Ihr Lieben! Wir haben jetzt alles Mögliche versucht, damit ihr euren Nachtschlaf bekommt. Richtig gefallen hat mir bis jetzt keine der ausprobierten Varianten. Ich finde, es ist an der Zeit, dass ihr damit eure eigenen Erfahrungen macht. Wenn ihr lange quatscht, seid ihr halt morgen müde. Ich möchte immer noch, dass ihr pünktlich im Bett seid, aber wann ihr dann schlaft, lege ich in eure Hände.« Diese Variante hat sich bis heute bewährt. Ich bin erleichtert, sie sind erleichtert, und sind sie am nächsten Tag müde, braucht es keine Belehrungen. Ein Blick genügt, um sie daran zu erinnern, wo die Müdigkeit herkommt.

Es ist nicht meine Angelegenheit, gleich zu springen, wenn mein Kind mich ruft.

Meine Tochter hatte die Angewohnheit, aus ihrem Zimmer oder von anderswo in der Wohnung nach mir zu rufen. Als sie klein war, lief ich dann immer zu ihr hin. Als sie älter wurde, bemerkte ich manchmal, dass ich stöhnte oder genervt war. Ich glaubte, dass ich das, was ich gerade tat, nun unterbrechen müsse, aufstehen müsse, schauen, wo sie steckt und von wo aus sie gerufen hat, um sie dann zu fragen, was los sei und mich darum zu kümmern. Meist habe ich ihr nach dem Kümmern gesagt, dass sie beim nächsten Mal bitte zu mir kommen soll, wenn sie etwas von mir will. Jedes Mal hat sie Ja gesagt und es dann doch nicht gemacht.

Eines Tages (sie war sechs) habe ich innegehalten, als sie wieder rief. Ich hatte schlichtweg keine Lust, alles stehen und liegen zu lassen, wieder die gleichen Worte zu sagen und wieder das Gleiche zu hören. Ich blieb an meinem Schreibtisch sitzen. Ich sagte nichts, rief nicht zurück, stand auch nicht auf und schaute nicht nach ihr.

»Mama!«

Ich blieb still. In mir wuchs eine Neugierde. Was würde nun geschehen, wenn ich nicht nach dem immer gleichen Muster reagierte? War es wirklich meine Angelegenheit, immer gleich zu springen, wenn sie etwas wollte? Und wie fühlte es sich für mich an, wenn ich das tat, obwohl ich es nicht wollte? Wo blieb da meine Selbstliebe??

»Mama!«

Ich lauschte. Es war plötzlich ganz still in der Wohnung.

»Mama?«

Ich hörte es rascheln, Schritte und dann stand sie plötzlich vor mir. »Mama?«

»Ja, mein Schatz?« Mein Herz frohlockte.

Sie wollte ein Klebeband. Das lag neben mir in der Schreibtischschublade, und mit einem Griff hatte ich es hervorgezogen. Sie griff danach. Ich ließ nicht los. Unsere Blicke trafen sich. »Bringst du es mir bitte wieder hierher, wenn du damit fertig bist?«

Sie wollte es nehmen und gehen. Ich ließ nicht los. Die neu errungene Klarheit zog weitere Kreise. »Machst du das? Bringst du es wieder?«

»Ja, Mama!«, sagte sie artig und verschwand mit dem Klebeband im Kinderzimmer.

Seitdem renne ich nicht mehr los, wenn sie mich ruft. Es sei denn, es hat vorher gerumst oder an ihrer Stimme ist zu erkennen, dass es sich um einen Notfall handelt.

Es ist nicht mehr meine Angelegenheit, wie sie ihre Zähne putzt.
Meine Tochter hat sich noch nie gern die Zähne geputzt. Erst recht nicht, wenn wir ihr sagen wollten, wie es richtig geht. Immer mal wieder, wohldosiert, haben wir sie an die Zahnseide erinnert, ihr die empfohlene Putzrichtung gezeigt und ihr eine elektrische Zahnbürste gekauft. Nun ist sie fünfzehn. Ich erzähle ihr von dem Implantat, das mich dreitausend Euro gekostet hat, von der Zeit, die es gedauert hat, das einzusetzen und davon, dass sie das später selbst bezahlen muss. Und ich erinnere mich, dass mir solche Erzählungen meiner Eltern damals auch zum einen Ohr rein- und zum anderen rausgingen. Was wusste ich schon, was später ist? Ich fing an, meine Zähne gut zu putzen, als ich meinen ersten Freund hatte. Ich wollte nicht aus dem Mund riechen. Später hatte ich einen Grund, weil ich Schmerzen vermeiden wollte und noch eine Weile später, weil ich das Geld nicht ausgeben wollte. Seit ein paar Jahren treibt mich vorrangig

der Wille zur gesamtkörperlichen Gesundheit zum gründlichen Zähneputzen.

In ihrem Alter kann ich ihr nicht mehr sagen, wie sie putzen soll. Vielleicht findet sie bald ihre eigenen Gründe?

Aber nicht nur das Ausmisten von dem, was *nicht* meine Angelegenheit ist, bringt Klarheit. Auch das Wissen darum, was ich wirklich als meine Angelegenheit ansehe, macht unser Zusammenleben einfacher.

Es ist meine Angelegenheit, meine Tochter zu lieben. Ihr zu zeigen, dass Liebe bedingungslos möglich ist. Dass sie geliebt wird, was immer sie tut, denkt, sagt oder fühlt. Dass sie willkommen ist, mit allem, was sie mitbringt. Mein Muttergefühl sagt: Dies ist im Zweifelsfall meine einzige Angelegenheit.

Es ist meine Angelegenheit, für Sicherheit zu sorgen, wo ich es kann. Anschnallen im Auto war schon immer Pflicht, obgleich es im Alter von zwei bis fünf Jahren eine Tortur war. Ich möchte ihr auch einen sicheren Zeitrahmen bieten, der Rituale beinhaltet. Wir haben miteinander ausgehandelt, dass sie in der Woche spätestens um sieben Uhr zu Hause ist. Wenn sie später kommen möchte, muss sie sich melden.

So schwer es für mich als Mutter manchmal auch ist, ich weiß, ich kann sie nicht vor jedem Schmerz bewahren. Weder vor körperlichen Schmerzen, wenn sie beim Klettern irgendwo runterfällt, noch vor seelischen Schmerzen. Aber ich kann da sein, wenn sie leidet. Ich muss nicht den Zeigefinger heben und sie belehren, dass ich ihr das ja vorhergesagt habe. Meine Angelegenheit ist es dann, sie in den Arm zu nehmen, sie zu trösten und auf eine Art für sie da zu sein, die ihr gut-tut.

Es ist meine Angelegenheit, gesunde Nahrungsmittel zur Ver-fügung zu stellen und sie ihr auf eine Weise anzubieten, dass sie sie auch zu sich nimmt. Es ergibt für mich überhaupt kei-nen Sinn, wie ein Prinzipienreiter darauf zu bestehen, dass sie etwas isst, was ihr nicht schmeckt. Damit würden wir uns garantiert unsere schöne Lebenszeit verderben. Wir können aber immer wieder neu schauen, auf welche gesunden Lebens-mittel sie gerade Lust hat, welche sie probieren möchte und ob sie sich nicht wunderbar mit anderen kombinieren lassen, die sie liebt.

Und es ist auch meine Angelegenheit, mich selbst gut zu spü-ren und zu bemerken, wann mich in unserem gemeinsamen Leben etwas stresst oder belastet. Das dann ernst zu nehmen ist auch meine Angelegenheit. Und auch, die Verteilung der Angelegenheiten immer wieder neu und frisch zu prüfen. Das zu können ist nicht nur meine Angelegenheit, das ist auch ein Glück.

6 Beruf

Ich muss ich sein

$\mathcal{E}$inige Jahre ist es schon her, ungefähr fünfzehn. Bis dahin hatte ich zehn Jahre ganz erfolgreich als Schauspielerin für das deutsche Fernsehen gearbeitet, doch nun hatte das Filmbusiness mehrere Krisen. 2002 die Kirch-Krise und ab 2007 kam noch die Finanzkrise hinzu. Es wurde gespart. An Drehtagen, an Gagen, an allem. Ich hatte nicht mehr so viele Aufträge, meine Schauspielerfreunde auch nicht, und wir wurden nervös. Die Agenturen auch. Ich hörte von verschiedenen Seiten, was man nun tun müsse, um noch an gute Aufträge zu kommen. Mir wurde ans Herz gelegt, auf Partys zu gehen, um Regisseure und Produzenten privat kennenzulernen, mich mit ihnen anzufreunden und dadurch dann im Gespräch zu sein. Vitamin B also. Wenn ich es nicht schon vorher gekonnt hätte – dadurch hätte ich das Gruseln lernen können.

Es erschien mir so unnatürlich, mit diesem Vorsatz auf Menschen zu treffen, immer im Hinterkopf, dass ich all das tue, um meine Auftragslage zu sichern. Wie hätte ich in dem Wissen, dass ich gerade dabei bin, den anderen für meine Zwecke zu missbrauchen, auf einer Party unbeschwert feiern können? Das eine Mal, wo ich versucht habe, mich dieser Sache anzunähern, fand ich wahnsinnig anstrengend, ich hatte das Gefühl, in mir selbst zu klemmen, und wusste gar nicht, worüber ich mich unterhalten sollte.

Ein anderer Tipp, den ich bekam, lautete, dass ich mich, wenn ich auf einem Dreh war, mit dem Regisseur möglichst privat unterhalten sollte. So wäre es einfacher, im Anschluss mit ihm in Kontakt zu bleiben und dadurch auch in seinem Kopf als mögliche Besetzung für einen nächsten Film präsent zu sein.

In einem Moment, wo mir gerade alles ungeheuer aussichtslos erschien – ich hatte eine Weile nichts gedreht und auch nichts in Aussicht –, warf ich mich auf mein Sofa und hatte Bauchschmerzen. Es drückte und zog, und mir war übel. Ich sah keinen Ausweg. Ich bemerkte deutlich meine Gedanken: Aber ich muss doch Schauspielerin sein. Ich habe doch nichts anderes gelernt. Ich kenne nirgendwo sonst so viele Leute, habe auf keinem Gebiet so viel vorzuweisen wie auf diesem. Was soll ich denn jetzt tun, wenn die Aufträge versiegen und gute Arbeit abzuliefern allein nicht reicht? Muss ich wirklich zu Maßnahmen greifen, die mir nicht behagen, ja, die ich sogar ablehne? Das war eine schreckliche Vorstellung. Ich lag auf meinem Sofa, ein Gefühl der Verzweiflung packte mich, und das Einzige, was mir auf die Frage, was ich denn da tun könnte, einfiel, war: worken. Meine Gedanken überprüfen. Das hatte bislang immer zu Entspannung geführt, und aus einer Entspannung heraus war die Chance auch wieder größer, dass sich eine Lösung fand. Mein belastender Gedanke war:

Ich muss Schauspielerin sein.

Hm, dachte ich noch, bevor ich anfing. Das ist doch ein Fakt. Was soll ich denn da worken? Ich hatte damals noch nicht so viel Erfahrung mit dem Überprüfen meiner Gedanken. Ich wusste noch nicht, was ich heute weiß, nämlich dass ich auch die harten Fakten durch die Brille meiner Erfahrung sehe und sie durch diese beurteile und interpretiere. Und dass es sich auch lohnt, scheinbare Tatsachen zu überprüfen. Irgendetwas finde ich auf der Reise mit der Work immer. Oft Überraschendes. Ein Denkmuster, das ich schon lange mit mir herumtrage und das wiederholt Stress in mir auslöst. Oder ich handle immer ähnlich, obgleich ich mit dem Resultat am Ende gar nicht glücklich bin. Die Work ist eine Möglichkeit, mich selbst zu erkennen, mich zu erforschen und zu verstehen, dass ich leide, wenn ich stressigen Gedanken folge. Unabhängig von den äußeren Ursachen.

Ich nahm mir also einen Schreibblock und konnte auf die erste Frage, ob mein Gedanke wahr ist, nur mit Ja antworten.

Auf die zweite Frage, ob ich mit absoluter Sicherheit wissen kann, dass ich Schauspielerin sein muss, hatte ich nur ein lustloses Nein. Natürlich könnte ich noch etwas Neues lernen, aber ob das dann erfolgreicher wäre? Sicherer? Und was sollte das sein? Ich bemerkte, dass mein Verstand noch nicht offen war. Irgendwie wollte er noch jammern, resignieren, lamentieren.

Ich lehnte mich zurück, atmete ein paarmal und fragte mich, ob ich jetzt gerade bereit war, durch die Überprüfung zu gehen. Die wichtigste Voraussetzung, um den Prozess zu beginnen, ist ein offener Verstand, der bereit ist, sich aufrichtig zu erforschen. Und bin ich mal nicht bereit, ist das völlig in Ordnung, dann brauche ich aber auch gar nicht erst anzufangen.

Ich erlaubte mir, ehrlich zu sein und spürte: Doch, ja, ich will mich öffnen. Ich stellte mir die zweite Frage noch einmal.

Kann ich wirklich mit absoluter Sicherheit wissen, dass ich Schauspielerin sein muss?

Ich ließ die Frage sich in mir ausbreiten, ohne eine schnelle Antwort finden zu wollen. Vor meinem geistigen Auge sah ich im Zeitraffer mein Leben und das meiner Eltern. Musste meine Mutter weiterhin Dozentin für politische Ökonomie des Sozialismus sein, als die Mauer fiel? Dieses Unterrichtsfach gab es ab 1990 ja gar nicht mehr. Muss ein Flüchtling, dem Krieg entronnen, hier den gleichen Beruf ausüben wie in seinem Herkunftsland? Musste eine meiner besten Freundinnen Schauspielerin bleiben, bloß weil sie das studiert hatte? Nach einer Umorientierungsphase schreibt sie heute wunderbare Drehbücher und ist damit erfolgreich. Meine Antwort war Nein. Ich hatte jetzt nicht sofort eine Idee, was an die Stelle des »Schauspielerinseins« treten könnte, aber ich hielt es für möglich, dass sich eine Alternative zeigen würde, wenn es nötig war.

Wie regiere ich in Momenten, in denen ich glaube, dass ich Schauspielerin sein muss, aber keine Angebote vorliegen?

Ich spürte mein Bauchdrücken und wie angespannt ich da auf meinem Sofa lag. Das waren Sorgen. Ja, ich machte mir in solchen Momenten Sorgen. Unproduktive Sorgen. Sorgen, die zu nichts führten, außer zu Bauchweh. Meine Gedanken drehten sich einfach aussichtslos im Kreis, immer und immer wieder. Sie suchten eine Lösung und fanden sie nicht.

In solch stressigen Momenten hielt ich tatsächlich für möglich, dass ich etwas tun muss, was mir im Innersten zutiefst widerstrebt. Es fühlte sich an, als müsste ich mich verkaufen, mich prostituieren. Ich schüttelte mich. Ich bemerkte, wie ich in solchen Momenten abgeschnitten war von meiner Freude, meiner Kraft und meiner Kreativität. Oh Mann! War das eine traurige Veranstaltung!

Wer wäre ich, wenn ich diesem Gedanken nicht glauben würde?

Also wenn ich keine Angebote hätte, das Geld zur Neige ginge, und auch sonst alles so bliebe, wie es in der Realität tatsächlich ist, nur mein Gedanke abwesend wäre.

Erst einmal kam überhaupt keine Antwort. Ich lag auf meinem Sofa wie im Nebel. Durch diesen Nebel konnte ich bemerken, wie fixiert ich auf der beruflichen Ebene gewesen war. Dabei war dies doch nur ein Teil meines Daseins. Es war, als würden sich ohne den Gedanken alle anderen Anteile wieder dazuschalten und sagen: »Hallo, hier sind wir noch.« Ich war auch noch Mitglied einer Familie, ich war Bewohnerin eines Hauses, ich war Freundin und Geliebte. Ich war ein atmendes Wesen unter anderen atmenden Wesen. Und dann konnte ich auch ein SEIN spüren, dass einfach so da war und überhaupt keine Zuordnung brauchte. Ohne den Gedanken fühlte ich mich rund, komplett, vollständig. Jetzt gleich, sofort. Ohne dass ich etwas tat oder in der Zukunft tun musste. Das war angenehm, und meine Anspannung löste sich. Mein Körper sank tiefer in die Sofakissen, und mir entfuhr ein Seufzer. Das war schön. Das war einfach. Das fühlte sich richtig an. Meine Haut begann zu prickeln. Ich spürte Neugier, war offen. Was würde mir in meinem Leben noch begegnen? Wo würde es mich hin verschlagen? Das Schauspielerleben kannte ich ja nun. Ich war bereit, etwas anderes zu erleben, ja, ich freute mich sogar darauf. Ich musste nichts mehr festhalten. Loslassen und schauen, was passiert – das fühlte sich lebendig an.

Die erste Umkehrung schob sich in mein Bewusstsein und hieß:

Ich muss ich sein.

Plötzlich war es sonnenklar. Ich muss zu allererst ich sein. Meinen Werten folgen, einfach das ein, was ich gerade bin. Mich nicht verrenken und verdrehen. Noch nicht einmal für eine gute Sache. Das sein, was sich für mich stimmig anfühlt. Alles andere kam erst danach. Welchen Beruf ich ausübe, welche Freunde ich habe, wo ich lebe und mit wem, wie viel Geld auf meinem Konto ist und mit wem ich welches Gespräch führe.

Das fühlte sich an wie eine komplette Neuordnung meines Lebens. Und es kam mir vor wie ein Sprung vom Zehntausendmeterbrett. Ich wusste, es war richtig, und ich musste einfach springen. Mit dem vollen Risiko, alles zu verlieren und neu zu beginnen. Mächtige Schauer liefen durch meinen Körper, und ich war gerührt. So lag ich eine Weile und erlaubte mir, das zu spüren.

Ich muss ich sein, weil alles andere so verkorkst ist, zu immer mehr Verkorksung führt und mich nicht in meine Kraft bringt. Wenn ich nicht in meiner Kraft bin, meine Lebenssäfte nicht fließen, kann ich auch anderen nicht wirklich nützlich sein. Dann bin ich eher ein Nehmender und Brauchender statt ein Gebender. Ich liege mir und anderen emotional auf der Tasche.

Und die Umkehrung **Ich muss ich sein** stimmt auch, weil andere Menschen mich viel besser erkennen können, wenn ich mich gemäß meiner Werte verhalte, authentisch agiere. Das gegenseitige Verstehen und Begreifen ist wahrscheinlicher. Weniger Verstrickungen, weniger Kommunikationsverhedderung, weniger Auseinandersetzung.

Die Umkehrung:
Ich muss keine Schauspielerin sein,
fiel mir jetzt leicht. Ich muss keine Schauspielerin sein, denn ich kann noch auf andere Weise nützlich sein. Wenn ich ehrlich bin, finde ich den Schauspielerberuf auch gar nicht so nützlich, wenn es die üblichen Fernsehsendungen betrifft. Damit heile ich nichts, ich helfe nicht, löse keine Probleme und der Unterhaltungswert ist meist flüchtig. Für mein Gefühl von Sinn im Leben muss ich also keine Schauspielerin sein.

Ich muss auch keine Vollzeitschauspielerin sein. Wenn es weniger Aufträge gibt, könnte ich zusätzlich etwas anderes machen.

Und ich muss vor allem keine Schauspielerin sein, wenn es meine Werte verletzt.

Bei den Umkehrungen zu Glaubenssätzen mit »muss« kann man nach den üblichen Umkehrungen das »muss« auch in ein »kann«, »darf« oder »möchte« umkehren.

Ich muss Schauspielerin sein,
kann umgekehrt werden:

Zu mir: *Ich muss ich sein.*
Ins Gegenteil: *Ich muss keine Schauspielerin sein.*
Ich kann Schauspielerin sein.
Ich darf Schauspielerin sein.
Ich möchte/will Schauspielerin sein.

Und hier ein paar Beispiele für die Umkehrung:
Ich kann Schauspielerin sein.
Inwiefern kann ich Schauspielerin sein, auch wenn ich länger keine Aufträge habe?
Ich kann mein ganzes Leben lang Schauspielerin sein. Es gibt auch Rollen für Omas und für Uromas. Und es gibt so viele Beispiele, wo Schauspieler eine Weile nicht gefragt waren, oder selber eine Krise hatten und dann wiederentdeckt wurden. Es gibt sogar Rollen für Menschen mit Behinderungen. Samuel Koch, der bei »Wetten dass…?« verunglückte, sitzt im Rollstuhl und spielt dennoch in Filmen.

Und nicht zuletzt: Mein Talent bleibt mir erhalten, meine lange Erfahrung im Filmgeschäft auch. Und selbst wenn ich den Beruf nie wieder ausübe, bleibt mir das. Und ich höre von vielen Seminarteilnehmern, dass sie meine Seminare, neben dem Lern- und Loslasseffekt auch kurzweilig und unterhaltsam finden. Obwohl ich dafür nicht extra etwas tue, scheint mir der ausgeübte Schauspielberuf auch indirekt zu nützen.
Ich darf Schauspielerin sein.
Das ist eine weitere Umkehrung. Schon während ich sie ausspreche, spüre ich, wie viele Facetten in diesen Umkehrungen möglich sind. Wie viele Sichtweisen ich mir zurückerobern kann neben der einen, die mich belastet hat. *Ich darf*

Schauspielerin sein, fühlt sich warm, weich und dankbar an. Ich durfte schon mit sechzehn auf die Schauspielschule. Ich durfte bis zu Ende studieren, obwohl ich ein Spätzünder war. (Andere wurden schon vor mir bei unzureichenden Leistungen exmatrikuliert.) Ich durfte am Deutschen Theater in Berlin spielen und dort mit Heiner Müller arbeiten, den ich sehr verehre. Ich durfte beim Film anfangen, was mir mehr lag als das Theater. Ich durfte zehn Jahre hintereinander als Schauspielerin arbeiten, ohne nebenbei kellnern zu müssen. Ich durfte große Rollen spielen. Ich durfte interessante Rollen spielen. Ich durfte mich viele Jahre mit Schöngeistigem beschäftigen, die Anerkennung genießen und ein bisschen Geld ansparen. Noch heute erkennen mich Menschen auf der Straße und freuen sich. Jetzt, wo ich das sehe, erfüllt mich tiefe Dankbarkeit dafür, dass ich diesen Weg gehen durfte. Dass mir das alles geschenkt wurde. Auch das erlaube ich mir mal ein paar Minuten zu fühlen.

Und ich darf auch heute immer noch Schauspielerin sein. Zum Beispiel bei meinen Lesungen und beim Spielen mit Freunden oder meiner Tochter. Es hindert mich niemand am Spielen. Und hin und wieder läuft auch noch ein Film mit mir im Fernsehen.

Die letzte Umkehrung lautet:

Ich will Schauspielerin sein.

Und ich merke, wenn ich das wirklich will, wenn ich richtig dafür brenne, dann werde ich das auch realisieren. Dann werden Türen aufgehen und sich Möglichkeiten zeigen. Allerdings wollte ich in den letzten Jahren eigentlich immer nur Filmschauspielerin sein, und das schließt die großen und kleinen Bühnen und Freilufttheater schon mal aus. Auch in Seifenopern wollte ich nicht dringend vorkommen. Zur Soap *Verliebt in Berlin* hatte ich mich schon überreden müssen, weil in Berlin gedreht wurde und ich so auf bequeme Weise Geld verdienen konnte. Und auch die Mitwirkung in einigen Vorabendprogrammen schmerzten mich als Schauspielerin eher. Sendungen, die schon von vornherein so konzipiert wurden, dass jede Information mehrfach und mit Nachdruck geäußert werden muss, weil man davon ausgeht, dass Zuschauer bügeln, essen oder sonst was machen, während der Fernseher läuft. So hatte ich einmal in meiner ersten Szene einer Sendung zu sagen, dass ja heute Abend der große Abschiedsball sei (auf dem dann der Kriminalfall geschehen sollte). In der zweiten Szene durfte ich mir überlegen, in welcher Haltung ich nochmal beteuerte, dass ich mich schon wahnsinnig auf den Abschiedsball freue, der ja heute Abend stattfinde um in der dritten Szene eine andere Figur zu fragen, ob sie sich denn auch, so wie ich, auf den großen Abschiedsball freuen würde.

Ich bemerkte, ich hatte schon ein paar Bedingungen an mein Schauspielerin-Sein geknüpft. Ich wollte in Filmen mitspielen, bei denen die Zuschauer weiter nichts taten, als zuzuschauen. In denen man ihnen die Handlung nicht fünfmal erklären müsste.

Ich sehe mal wieder, The Work ist ein Mittel zur Selbsterkenntnis. Am Ende dieser Überprüfung, etwa eine Stunde später, lag ich zwar immer noch auf meinem Sofa, hatte aber gute Laune. Ich brauchte nicht mehr sofort eine Lösung für das Problem, denn genau betrachtet gab es gar keins. Und ich hatte eine klare Linie für mich gefunden, die mich nicht mehr von anderen abhängig machte. Ich wollte unbedingt ich sein, nach meinen Werten handeln und schauen, was für mich stimmig ist. Mit dem Risiko, dass sich im Außen alles verändern würde. Aber im Inneren wäre ich näher bei mir. Das ist das schönste Geschenk.

Als ich ein paar Monate später wieder Aufträge bekam, konnte ich anders mit dem Schauspielerinsein umgehen. Freier. Ungezwungener. Ich konnte mich über die zu spielenden Rollen freuen und besonders darüber, dass ich sie bekommen hatte, ohne mich zu verbiegen oder andere anzulügen. Ich wusste, auch wenn ich diesen Beruf mochte, ich wollte ihn nicht um jeden Preis.

7 Mein Körper

Ich kann keine
verrückten Sachen machen

*E*ine Frau sitzt in der U-Bahn. Sie fährt ihren täglichen Arbeitsweg. Morgens hin, nachmittags zurück. Sie sitzt inmitten von Menschen, die auf ihr Handy schauen oder per Kopfhörer in Musik hineingesaugt werden. Seit einigen Jahren fährt sie so, liest nichts, hört nichts. Fährt einfach. Zweihundertfünfzigmal im Jahr. Wohl fühlt sie sich dabei nicht. Sie weiß nicht genau, warum. Bis sie bei mir auf dem Sofa sitzt.

Sie möchte abnehmen, endlich attraktiv werden, endlich entspannt am Strand rumliegen, schicke Kleider tragen und fitter sein. Sie schämt sich für ihren Körper. Ja, sagt sie, als ich geheiratet habe, vor fünfundzwanzig Jahren, da hab ich mir gefallen. Aber jetzt? So, wie ich jetzt bin, kann ich gar nichts Schönes oder Verrücktes mehr machen. Ich bin total unfrei. So, wie ich aussehe, kann ich nicht tanzen gehen, nicht klettern, nicht an den Strand – ich kann nichts tun, was Spaß macht.« Die Frau, ich nenne sie mal Silke, sitzt zusammengesunken auf dem Sofa, ein Häufchen Elend.

Ich kann keine verrückten Sachen machen.

Während Silke spricht, kann ich fühlen, wie traurig es ist, solche Gedanken zu glauben. Vor fünfundzwanzig Jahren habe ich ein paar Jahre als Model gearbeitet. Die Mauer war gefallen, und ich wollte die Welt sehen. Sidney, Mailand, London, Paris. Ach, Paris…! Ich wollte in Paris sein. Ich liebe Paris. Aber in Paris mussten die Models in besonders enge Kollektionen passen. Also habe ich gehungert. Viele Frauen kennen das. Kann ich mich dazu versteigen zu sagen: die meisten?

In dieser Zeit war ich nie zufrieden mit meinem Körper. Irgendetwas gab es immer daran auszusetzen. Die Haare zu dünn, am Tag des Fotoshootings plötzlich Augenringe, die Fesseln nicht dünn genug, die Brüste hätten »weiblicher« sein können, der Bauch dafür flacher. Ach, und nicht zu vergessen: der Po! Der Po hätte immer noch etwas runder sein sollen. So lateinamerikanisch am besten.

Was hat es mit mir gemacht, mir acht Kilo runterzuhungern? Es machte mich unsozial. Es machte mich schlapp. Alle Gedanken sammelten sich bei diesem einen Thema. Wenn es nur selten etwas zu essen gibt, wird Essen furchtbar wichtig. Nahrungsmittel habe ich nach Kalorien ausgesucht und nicht nach Geschmack oder gesundheitlichen Aspekten. Und mein Blick auf meinen Körper wurde jeden Tag strenger. Mein Körper musste Geld für mich verdienen. Was muss Silkes Körper für sie tun? Er muss einer bestimmten Norm entsprechen, damit sie sich erlauben kann, sich normal zu bewegen.

Ich frage Silke:

»*Ist es wahr, dass du keine verrückten Sachen machen kannst, wenn dein Körper so ist, wie er jetzt ist?*«

»Ja genau.« sagt Silke.

»*Und kannst du das mit absoluter Sicherheit wissen?*«

Diese Frage fühlt sich manchmal an wie ein Stoppschild. Man hat es eilig, will schnell die Straße überqueren und dann kann man nicht. Stopp! Man muss bremsen, erst nach links und rechts schauen und warten. Man ist angehalten, ausgiebig hinzusehen, bevor man losfährt. Silke lehnt sich zurück. Ich sehe, wie sie überlegt, sie scheint irgendwie verunsichert. Das ist kein schlechtes Zeichen. Es kommt Bewegung in die festgefahrene Geschichte von ihrem Körper, die sie sich schon seit ein paar Jahren erzählt. Noch undeutlich, aber die Tür geht auf. Silke schaut mich an und weiß nicht, was sie sagen soll.

»*Kannst du einhundertprozentig sicher sein, dass du mit deinem jetzigen Körper keine verrückten Sachen machen kannst?*«

Es sieht aus, als würde Silke mit sich ringen. Als würde ein Teil von ihr so gern an der Geschichte festhalten, die sie kennt. An der Geschichte, die sie von Freundinnen, Hochglanzmagazinen, dem Fernsehen und ihrem Mann bestätigt bekommt. Andererseits sind einhundert Prozent eine Menge. Einfach mal absolut, keine Ausnahme. Silke sagt: »Nein. Ich kann mir nicht hundertprozentig sicher sein.«

»*Und wie reagierst du, wenn du das glaubst?*

Du sitzt in der U-Bahn, fährst zur Arbeit und bist überzeugt, dass du keine verrückten Sachen machen kannst. Weil dein Körper so ist, wie er ist.«

»Ich sitze da und fühle mich eingequetscht. Alle anderen sind toller, schöner und selbstbewusster als ich. Es ist, als würde ich die Luft anhalten. Ja, ich halte tatsächlich die Luft an, und, mein Gott, ich ziehe den Bauch ein! Genau genommen schon seit Jahren ...«

Silke weiß nicht, ob sie lachen oder weinen soll. »Dabei sieht es niemand, niemand schaut zu mir hin. Es interessiert keinen. Außerdem wird mein Bauch auch nicht dünner, wenn ich versuche, ihn einzuziehen. Oh Mann!« Silke sieht bedröppelt aus. Das Baucheinziehen ist schon zu einem Automatismus geworden, es fällt ihr gar nicht mehr auf. Diese Absurdität musste sie erst einmal verdauen. »Und dieses Baucheinziehen fühlt sich so unbequem an. So festgehalten und starr. Ich versuche, mich da zu verstecken, wo eh keiner hinsieht. Und wenn ich bei der Arbeit ankomme, verstecke ich mich hinter meinem Schreibtisch. Und ich fahre nicht mit in den Kletterwald, wo der Betriebsausflug hingehen soll. Ich schäme mich für meinen Körper, ich bin gegen ihn. Das ist, als wäre ich gegen das Leben.«

Die Erkenntnisse, die die dritte Frage der Work mit sich bringen, lassen Silke nicht vor Freude hüpfen. Die dritte Frage hilft, die Art und Weise aufzudecken, wie Silke denkt, fühlt und handelt. Diese eingefahrenen Muster bescheren ihr unangenehme Gefühle, und sie sind ihr zum großen Teil nicht bewusst gewesen. Es ist kein fröhliches Glück, das ich in ihrem Gesicht lese, doch es ist Glück. Denn mit dem Erkennen bahnt sich ein neuer Weg.

Wie war mein Leben als Model, als ich geglaubt habe, ich müsste erst einer bestimmten Norm entsprechen, um verrückte Sachen machen zu können? Mit meinen Pariser Modelmaßen verspürte ich gar keine Lust mehr, verrückte Sachen zu machen. Die Lust, etwas zu tun, was sich für mich weit und frei und verrückt anfühlt, kann bei mir erst aus einem Wohlgefühl heraus entstehen. Aus einer Einheit von Körper und Geist, und sei sie auch nur für kurze Zeit vorhanden. Vor der Kamera fühlte ich mich meist nicht wirklich wohl. Erst brachte ich die Kraft auf, mich auf unnatürliche Maße zu bringen und dann kostete es Kraft, diesen Kraftaufwand zu vertuschen. Leicht und fröhlich auszusehen. Mein Leben, in irgendeine Norm gepresst, ist kein Leben, das wirklich zu mir passt. Und bitte, was ist denn die Norm? Sobald sich ein Grüppchen mit bestimmten Interessen zusammenfindet, bildet sich eine eigene Norm. Oft unausgesprochen. Manchmal ganz klar und offen. In Paris ist die Norm von Modelgrößen eine andere als in Deutschland. In Deutschland muss dafür auf fast jeder Werbung gelacht werden. Auch Bodybuilder im Fitnessstudio habe ihre eigenen

Normvorstellungen und muskelbepackte Männer verstehen oft nicht, wieso ich sie nicht sexy finde. Klassische Musiker haben anderen Normen als Unterhaltungsmusiker, und ein Banker beugt sich nicht dem gleichen Diktat wie der Sushiverkäufer an der Ecke. Silkes Normvorstellung hat sich an dem Körper orientiert, wie er vor fünfundzwanzig Jahren war. Bevor sie zwei Kinder und eine Familie hatte, die nach regelmäßigen Tagesabläufen verlangte.

»Wer wärst du ohne den Gedanken?

Du sitzt in der U-Bahn, fährst zur Arbeit, und in dir ist kein Gedanke daran, dass du keine verrückten Sachen machen kannst, weil dein Körper so ist, wie er ist. Wer wärst du?«

Silke setzt sich in Gedanken wieder in die U-Bahn und wartet, bis sie ein Gefühl dafür bekommt, wie es sein könnte, dort zu sitzen, ohne diesen Gedanken zu haben.

»Es fühlt sich an, als würde ich dann gar nicht groß nachdenken. Ich würde nicht so sehr auf meine Gedanken achten, ihnen nicht so ein Gewicht geben. Ich würde aus dem Fenster schauen, das Rattern der U-Bahn auf den Gleisen spüren und irgendwie käme Freude auf, dass ich hier sitzen kann. Das ist simpel, aber angenehm. Hm, ja, wer wäre ich?«

Manchmal geschieht es, dass jemand, der mit der Work noch nicht vertraut ist, bei der vierten Frage nervös wird. Bis hin zu ungehalten. Die Frage erscheint ihm seltsam oder unsinnig, oder er kann überhaupt nichts damit anfangen und ist genervt. Und natürlich kann man sich, bevor man die Nerven verliert und alles hinschmeißt, auch erst einmal Brücken bauen und fragen: *Wie wäre es ohne den Gedanken? Wie wäre die Situation, wenn der Gedanke gar nicht aufgetaucht wäre?* Und dennoch hat die Frage: *Wer wäre ich ohne den Gedanken?* eine besondere Kraft, wenn sich der Raum dafür öffnet.

Silke sagt: »Ich wäre frei. Ich wäre unbelastet. Ich wäre mehr mein Körper als meine Gedanken über meinen Körper. Ich wäre ein Lebewesen, das lebt, atmet, sieht und fühlt. Ein Wesen, das gerade von der U-Bahn transportiert wird. Ein Mensch, der sich keinen Kopf macht darum, was die anderen denken und was gestern war. Ja, ich würde mich nicht mit meinem früheren Ich vergleichen können. Hui, das wäre extrafrei.

»Stell dir vor, du würdest dich in dem Moment in der U-Bahn zum allerersten Mal treffen. Gerade erst kennenlernen. Frisch und neu in diesem Moment, ohne Vergleichsmöglichkeiten. Was würdest du sehen?«

Silke lacht über das ganze Gesicht. »Ich würde eine normale Frau sehen, die nicht besonders auffällt zwischen den anderen, die da sitzen. Große Menschen, kleine Menschen, Spindeldürre, welche mit großer Nase, welche mit Pickeln im Gesicht. Ich würde mich eigentlich ganz schön finden neben den anderen...«

Silke lehnt sich auf dem Sofa zurück und schließt die Augen. »Wenn ich mich immer frisch und neu treffen würde, dann würde ich nicht über mich nachdenken. Das fühlt sich an, als wäre ich als Kind auf einer Wiese. Barfuß und voller Freude über alles. Über jedes Blümchen, das weiche Gras und die Bienen. Gedankenverloren.« Silke stutzt und schaut mich an. »Ich muss eigentlich doch auch als erwachsene Frau nicht dauernd über mich nachdenken, oder? Ich habe immer geglaubt, dieses Nachdenken über sich selbst wäre ein Zeichen von Reflektiertheit und daher wichtig. Aber wie ich jetzt sehe, ist dieses problembehaftete Grübeln eher blockierend und hat mir überhaupt noch nichts gebracht.«

Wer wäre ich ohne mein Nachdenken über mich? Brauche ich diese Selbstoptimierungsgedanken, und verwahrlose ich ohne sie? Meiner Erfahrung nach hat alles, was ich mit Freude verändern möchte, eine gute Chance, sich tatsächlich als etwas Nützliches in meinem Leben zu manifestieren. Wohingegen alles, was zwar sinnvoll scheint, wo ich aber mit der Peitsche hinter mir stehen und mich zwingen muss, eher in Stress mündet. Veränderungen herbeizuführen, indem ich dauernd an mir rumnörgle und mir Vorwürfe mache, wenn ich es mal wieder nicht geschafft habe – damit komme ich nicht ans Ziel. Denn das Ziel, warum ich mich optimieren wollte, war Liebe, Ruhe und Frieden.

Silke wollte endlich entspannt am Strand liegen, sich attraktiv vorkommen und sich in Kleidern wohlfühlen. Das Gegenteil hat sie erreicht.

Ich kann lauter verrückte Sachen machen, *(egal, wie mein Körper aussieht)*, ist das einfache Gegenteil von Silkes stressigem Glaubenssatz.

»Ja klar«, sagt Silke, »eigentlich geht das. Mein Körper ist gesund und physisch dazu in der Lage.« Silke lässt dieses erste Beispiel für die Umkehrung auf sich wirken. »Es gibt keine körperliche Begrenzung für die Dinge, die ich machen möchte. Das ist alles nur in meinen Gedanken.«

»Ich kann an den Strand gehen, wann ich will. Und nicht nur dann, wenn ich schlank bin!« Silke lacht wieder. »Das fühlt sich richtig selbstbewusst an. Das ist sogar witzig. Und schön frei. Wahrscheinlich ist es so: Wenn ich nicht denke, dass ich so nicht an den Strand gehen kann, denken die anderen das auch nicht. Es liegen ja nun wirklich nicht nur Schönheiten am Strand.«

»Hast du noch ein drittes Beispiel für diese Umkehrung?«

Silke geht in sich, hetzt sich nicht und wartet, ob ihr noch ein Beispiel einfällt.

»Ha!«, sagt sie und lacht. »Verrückte Sachen machen kann den Stoffwechsel anregen. Darüber kann ich vielleicht auch mal das Essen vergessen oder das Essen nicht immer so wichtig nehmen. Wenn mein Fokus ab jetzt darauf liegen würde, verrückte Sachen zu machen, egal, wie mein Körper gerade aussieht, dann wäre Musik in meinem Leben.«

Silke sinnt dem noch etwas nach. Dann erzähle ich ihr die Lebensgeschichte von Nick Vujicic. Nick wurde ohne Arme und Beine geboren und litt in seiner Kindheit und Jugend schwer unter dieser Fehlbildung. Dann lernte er, die Behinderung statt als Strafe, als Herausforderung zu sehen. Heute arbeitet er als Motivationsredner und bestärkt andere darin, ihren Träumen zu folgen. Er ist ein berührendes Beispiel dafür, dass auch die offensichtlichsten Schwierigkeiten einen nicht davon abhalten müssen, ein erfülltes Leben zu führen. Nick hat eine wunderschöne Frau und zwei Kinder, und im Internet finden sich Filme, wie er schwimmt, surft und Golf spielt. Egal, wie sein Körper aussieht. Er lässt sich davon nicht niederdrücken, geschweige denn zurückhalten.

Byron Katie fragte mal in einem Vortrag: »Wie wäre dein Leben ohne Spiegel?« Wenn du nicht dauernd prüfen könntest, ob dein Abbild deinen Vorstellungen entspricht? Wenn du mit deinem Aussehen keine bestimmte Wirkung erzielen müsstest, wie frei könntest du sein?

Gibt es noch eine weitere Umkehrung für den Gedanken: Ich kann keine verrückten Sachen machen?

»**Ich mache schon verrückte Sachen.** Könnte das eine Umkehrung sein? fragt Silke.

»Hast du dafür Beispiele?«

»Ich glaub schon. Also ich war neulich im Labyrinth. Das war eine verrückte Sache.«

»Und da sah dein Körper schon so aus wie jetzt?«

»Ja«, sagt Silke und lacht. »Verrückt, oder? Dass das einfach so ging. Und im Winterurlaub war ich rodeln. Und manchmal laufe ich zur Arbeit. Das ist verrückt weit. Und vor ein paar Tagen bin ich im Regen Fahrrad gefahren. Also für mich ist das verrückt.« Silke zwinkert mir zu.

»Und dann – letzte Woche war Elternabend in der Schule, und ich hatte keine Lust hinzufahren. Ich hab mich schließlich dazu gezwungen und bin losgegangen, aber auf dem Weg wurde mein Widerwillen, jetzt in einem geschlossenen Raum zu sitzen und mir den Psalm der Lehrer anzuhören, immer größer. Ein paar Straßen vor der Schule bin ich dann abgedreht, habe mich vor eine Eisdiele gesetzt und ein dickes Schokoeis gegessen. Das hat richtig Spaß gemacht. Am nächsten Tag habe ich von anderen Eltern gehört, ich hätte nichts verpasst. Großartig, oder?«

»Ja, und all das geht, obwohl dein Körper so aussieht, wie er aussieht.«

Ich zwinkere zurück.

»Eine verrückte Umkehrung von ›den Bauch einziehen‹ könnte auch sein: ›den Bauch mal richtig zeigen. Rausstrecken quasi‹.« sagt Silke. Wir lachen.

»Magst du das mal machen? Mal sehen, ob dann endlich mal jemand guckt?«

In der Praxis der Work gibt es auch die »gelebte Umkehrung«. Ein Gegenteil, dass ich mit in meinen Alltag nehmen, dort praktizieren und umsetzen kann. Ich kann die Erkenntnisse aus der Work nicht nur im Kopf behalten, sondern direkt in mein Leben einfließen lassen. Sozusagen mein Leben umkehren. Für Silke könnte »den Bauch locker lassen«, »den Bauch zeigen« oder »stolz auf den Bauch sein« so eine gelebte Umkehrung sein. Eine andere könnte sein, dass Silke ihre Aufmerksamkeit immer wieder auf Dinge lenkt, die ihr Freude machen, die ungewöhnlich oder gar verrückt erscheinen. Und dann, jeden Tag neu, die Erfahrung machen, dass sie verrückte Sachen machen kann. Egal, wie der Körper aussieht. Silke will gleich beide umsetzen und kann es kaum erwarten. Sie fühlt sich so frei, dass sie Lust hat, herumzublödeln und lauter Dinge zu tun, die sie sonst nicht tut. Die Treppe runter zu hüpfen vielleicht. Was Verrücktes eben.

Sie steht schon in der Tür, ich gebe ihr die Hand und freue mich. Da hat Silke noch eine Frage: »Was mache ich denn mit den Heißhungerattacken?«

Ich schaue sie fragend an.

»Ich komme manchmal spät nach Hause und habe Lust, noch irgendetwas zu essen. Ich nehme etwas, was schnell verfügbar ist, etwas, was rumsteht. Ich nehme einen Keks. Dann schmeckt der lecker, und ich nehme noch einen. Dann noch einen und noch einen. Spätestens da ist mein Wille gebrochen, den ich ja vorher auch nicht wirklich hatte. Es dauert nur drei Minuten, dann ist die Gier befriedigt – aber die Vorwürfe mache ich mir noch den ganzen Abend. Und wenn ich dann im Bett liege, fühlen sich die Kekse im Bauch auch nicht wirklich gut an. Eher wie Zementbrei…«

Silke hat schon die Hand auf der Türklinke, und ich suche nach einer Idee. »Du kommst also nach Hause und hast ein Gefühl im Körper. Ein Gefühl, dass du interpretierst als: **Ich brauche noch etwas zu essen.**

Kannst du in die Situation nochmal zurückgehen? Kannst du das Gefühl spüren?

Ist es wahr, dass dieses Gefühl in deinem Körper bedeutet, dass du etwas essen musst?

»Tja«, sagt Silke, »in dem Moment glaube ich das.«

»Ja, und stimmt das auch?

Kannst du das wirklich sicher wissen?«

»Nö.«

»Wenn du diesen Gedanken glaubst, stopfst du dir die Kekse rein.«

*Wer wärest du genau in diesem Moment, wenn du nicht glauben
würdest, dass dieses Gefühl, das du da spürst, bedeutet, dass du
etwas essen musst?«*

»Oh«, sagt Silke, »das ist genial. Dann ist dieses Gefühl wieder
frei von Interpretationen. Ich kann es fühlen, und vielleicht
steckt ja auch ein anderes Bedürfnis dahinter.«
»Ah«, sage ich, »das könnte schon ein Beispiel für die Umkehrung sein.
Dieses Gefühl bedeutet nicht, dass du etwas essen musst.
Was könnte es denn noch bedeuten?«
»Es könnte ein Bedürfnis nach Berührung sein, berührt zu
werden oder auch mich selbst zu spüren. Das könnte eigentlich auch ein Glas Wasser erledigen, oder eine Meditation. Interessant. Es könnte auch ein Bedürfnis nach »zu Hause ankommen« sein. Ich komme ja gerade von woanders her und
bin noch nicht richtig da. Und manchmal ist mir auch einfach
langweilig, und dann esse ich. Oder mal sehen, was es sein
könnte. Beim nächsten Mal werde ich innehalten und darauf
achten, bevor ich mir etwas reinstopfe. Das wäre ja toll, wenn
dieses Rumfuttern nicht mehr sein müsste …« Silke schaut
mich an. »Ich kann echt verrückte Sachen machen«, sagt sie,
lacht übers ganze Gesicht, winkt und ist aus der Tür.

8 Beziehung

Er akzeptiert mich nicht so, wie ich bin

*M*aja ist um die sechzig. Sie ist seit acht Jahren in einer Beziehung und seit einem Jahr befindet sie sich in einer Lebensphase, die für sie neu ist. Sie interessiert sich für alles, was ihr hilft, freier zu leben, sich von alten Fesseln zu befreien. Sie liest Bücher, besucht Seminare und hat auch schon gespürt, wie die Arbeit mit The Work ihr neue, friedlichere Sichtweisen eröffnet und sie dadurch in ihre Kraft kommt. Im letzten Jahr hatte sie das Gefühl, sie verändert sich, während ihr Partner der Alte bleibt. Sie finden immer weniger Themen, über die sie sich gerne unterhalten und verbringen immer weniger Zeit miteinander, die selbstverständlich und liebevoll verläuft. Immer öfter nimmt sie wahr, wie er ausweicht und sie aneinander vorbeireden.

So sitzen sie eines Morgens beieinander und frühstücken. Maja fühlt sich wohl. Er redet über Politik. Sie lauscht seinen Worten eine Weile und bemerkt, dass sie gar nicht weiß, was sie dazu sagen soll, denn Politik interessiert sie nicht wirklich und hat sie auch noch nie interessiert. Er schaut sie an, und sie sagt aufrichtig, was sie fühlt, nämlich, dass sie nicht weiß, was sie dazu jetzt sagen soll. Er wird daraufhin ungehalten, braust auf, ruft: »Mit dir kann man ja gar nicht mehr reden«, und geht aus der Küche.

Maya fällt aus ihrem Wohlgefühl heraus. Sie ist unglücklich über den Verlauf des Frühstücks. Eben war doch alles noch gut. Sollte sie sich vielleicht doch mal mit Politik beschäftigen? Damit er da in ihr einen Gesprächspartner hat? Die Gedanken, die ihr wehtun, sind: Ich muss mich immer verbiegen, damit ich nicht anecke. Wenn ich ehrlich sage, was ich denke, kann er nichts mit mir anfangen. Und:

Er akzeptiert mich nicht so, wie ich bin.

Maya kennt die Work schon. Sie sitzt eine Weile still, nachdem ich ihr die erste Frage der Work gestellt habe. Sie hat die Augen geschlossen und erlaubt sich, in ihr Universum abzutauchen. Sie bewegt diese Frage in sich und prüft, ob das, was sie glaubt und in der Situation am Frühstückstisch geglaubt hat, stimmt. Sie sieht sich noch einmal dort am Tisch sitzen, erinnert sich, was er sagt und wie er dann aufbraust und geht.

»Er akzeptiert mich nicht, wie ich bin. *Ist das wahr?*«

Maya sagt: »Ja«, und ich stelle ihr die zweite Frage, *ob sie absolut sicher sein kann, einhundertprozentig sicher, dass er sie in dem Moment nicht so akzeptiert, wie sie ist.* Maja lässt sich Zeit, sieht seinen Gesichtsausdruck vor Augen und wie er die Küche verlässt. Sie sagt: »Nein, ich kann nicht absolut sicher sein, dass er mich in dem Moment nicht so akzeptiert, wie ich bin.«

Sie bemerkt, dass ihr diese Interpretation seines Verhaltens zwar unglaublich wahrscheinlich erscheint, doch trotzdem ist es nur eine Interpretation. Diese erste Erkenntnis schafft ein wenig Abstand zu dem Schmerz.

»Er hat aufbrausend reagiert. Ja, das stimmt. Aber ob es das bedeutet, was ich dachte, das weiß ich nicht.«

»Wie reagierst du denn, wenn du deine Interpretation glaubst?«,

frage ich sie. »Was passiert in dem Moment in der Küche wenn er aufbraust und du glaubst, dass er dich nicht so akzeptiert, wie du bist?«

Maja erlaubt sich, den Schmerz zu spüren. Ihn wahrzunehmen und zu bemerken: Das ist, was passiert, wenn ich meine Interpretation glaube. Sie weint. »Das tut weh ...« Sie legt ihre Hand auf den Brustkorb. Sie weint und ich sitze dabei, bis sie weiterspricht.

»Wenn ich dieser Interpretation glaube«, sagt sie, »habe ich mich verloren, mich abgeschnitten und in Frage gestellt. Es fühlt sich an, als wäre ich erst in Ordnung, wenn er zufrieden und glücklich ist und nicht aufbraust.« Sie nimmt sich ein Taschentuch.

»Wie lange kennst du diesen Gedanken schon?«, frage ich sie. »Wann ist er zum ersten Mal in dir aufgetaucht?«

Oft sind unsere Gedanken auch einfach eingeschliffene Gewohnheiten. Denkgewohnheiten. Durch irgendeinen Auslöser in der Vergangenheit haben wir begonnen, auf eine bestimmte

Weise zu denken, Menschen und Begebenheiten auf eine bestimmte Weise zu interpretieren. Es kann hilfreich sein, diesen Auslöser zu finden und zu verstehen.

Maja atmet tief durch und gibt sich und ihren Erinnerungen Zeit.

»Da war ich noch ein kleines Kind... Ich war mit meiner Mutter allein, und sie war immer sehr gestresst. Ich konnte es ihr nie recht machen. Ich habe es mit »lieb sein« versucht, obgleich ich nie richtig wusste, was »lieb sein« genau bedeutet. Ich habe mir gedacht, es ihr recht zu machen, wäre richtig. Ich war immer so unsicher, was ich tun soll. Und das Gefühl damals war ähnlich wie das heute. Dieser Schmerz von vorhin...«

»*In wessen Angelegenheit befindest du dich, wenn du glaubst, dass er dich nicht akzeptiert, so wie du bist?*«

»Hm... oh! Stimmt! Es ist ja seine Angelegenheit, ob er mich akzeptiert. Es ist auch seine Angelegenheit, wie er reagiert. Ja, richtig, ich glaube in dem Moment zu wissen, was er denkt und wie er urteilt. Ich mische mich mit meinen Gedanken in seine Angelegenheiten ein, und das fühlt sich gar nicht gut an. Ich unterstelle ihm, dass er mich nicht akzeptiert.«

Maja schließt wieder die Augen und gibt sich einen Moment, um auch das richtig zu spüren. Wie fühlt es sich an, in seiner Angelegenheit zu sein? Wie ist es, wenn ich in so einem Moment nicht bei mir bin? Wenn ich mit meiner Aufmerksamkeit und meinen Gedanken beim anderen hänge, wo ich gar nicht sicher sein kann, was er fühlt und denkt?

»Blöd«, sagt Maja. »Irgendwie respektlos ihm gegenüber.

Und ich verliere mein Gefühl für mich, wenn all meine Sinne zu ihm rüberwandern. Ich bin ja dann nicht mehr bei mir, und das ist es, was weh tut.«

Ich stelle Maja die vierte Frage der Work:

»Wer *wärest du am Frühstückstisch ohne deinen stressigen Gedanken?*

Ohne deine Interpretation seines Verhaltens? Wenn das, was in der Realität stattgefunden hat, du also sagst, dass du nicht weißt, was du dazu sagen sollst und er aufbraust, meint, dass man mit dir ja über gar nichts mehr reden könne, und aus der Küche geht. Wer wärest du jetzt, wenn der Gedanke nicht auftauchen würde, dass er dich nicht akzeptiert, so wie du bist?«

Maja atmet tief, lehnt sich zurück, schließt die Augen und stellt sich ihre Situation vor. Alles bleibt, wie es ist, nur der Gedanke fehlt.

»Das ist angenehm... Ich beobachte nur, was vor sich geht... Das gute Gefühl ist wieder da, ich kann mich wieder spüren. Verrückt. Er kann das Gleiche tun wie vorher, doch ohne meine Interpretation sieht die Szene anders aus. Und fühlt sich anders an. Ich bin einfach ich, und er ist einfach er. Er ist enttäuscht, und ich habe gesagt, was für mich stimmig war. Das ist alles.«

Maja schmunzelt. Es sieht so aus, als würde sie die Szene in der friedlichen Version tatsächlich gerade erleben. Und Hirnforscher bestätigen das in gewisser Weise. Sie sagen, ein Mensch mache in so einem Moment tatsächlich die mit der Situation verbundene Erfahrung, weil das Gehirn nicht zwischen vorgestellt Erlebtem und real Erlebtem unterscheiden kann. Um so eine Erfahrung zu ermöglichen, ist es hilfreich, sich Zeit zu geben und in Ruhe die Bilder vor dem inneren Auge entstehen zu lassen.

Ausgehend von diesem Ausschnitt ihres Lebens kann Maja sich jetzt ihr ganzes Leben anschauen. Wie wäre es, wenn sie nicht mehr glauben würde, dass ihr Freund sie nicht so akzeptiert, wie sie ist? Auch wenn er aufbraust? Dass niemand sie nicht so akzeptiert, wie sie ist?

Während sie vor mir sitzt, spaziert sie in Gedanken durch ihr Leben. Sie wäre bei sich, würde sich spüren und das, was für sie stimmig ist. Selbst wenn jemand aufbraust oder ungehalten ist. Das könnte sie bemerken, ohne sich dabei selber an den Pranger zu stellen oder zu glauben, dass sie anders sein müsste. Sie würde nicht mehr glauben, dass sie so lange an sich herumbasteln muss, bis in ihrer Gegenwart niemand mehr aufbraust. Wenn jemand anderes aufbraust, liegt die Ursache dafür ja sowieso in ihm und nicht in ihr. Es ist ein aussichtsloses Unterfangen, so leben zu wollen, dass alle anderen zufrieden sind. Wie weit müsste sie sich da jeweils verbiegen?

Es ist immer möglich, dass irgendjemand unzufrieden ist, selbst wenn sie ihn mit Komplimenten, Lobpreisungen, Geld und Diamanten überhäuft. Und was für ein Leben wäre das? Maja kann auf ihrem Spaziergang durch ihr Leben klar erkennen, wie gut es sich anfühlt, wenn sie sich selbst erlaubt, so zu sein, wie sie ist. Es ist, wie es ist. Auch, dass sie am Frühstückstisch nicht wusste, was sie zu den politischen Themen sagen sollte.

Könnte es auch sein, dass das Gegenteil ihrer Interpretation wahr ist? Eine Umkehrung ihres Glaubenssatzes könnte lauten:

Er akzeptiert mich so, wie ich bin.

»Kannst du dafür ein Beispiel finden? In deiner Situation am Frühstückstisch?«

»Hm, ja«, sagt Maja, »er zeigt einfach nur seine Reaktion. Er zeigt seine eigene Unzufriedenheit. Er hat nicht angefangen zu diskutieren, und er hat auch nicht gesagt: »Sei doch nicht so, wie du bist.«

Maja lacht. »Das war tatsächlich nur in meinem Kopf, das ist mir jetzt klargeworden.«

»Und«, nun lacht Maja noch lauter, »eigentlich hat er ja nur gesagt, was ich selber schon vorher gedacht habe. Dass wir gar nicht mehr über so viel miteinander reden können … er hat ja total recht …« Als ihr Lachen abebbt, findet Maja es sogar vorteilhaft, dass er das auch bemerkt hat. Sie sagt: »Nein, ich bin es, die sich in dem Moment nicht akzeptiert.« Und hat damit die zweite Umkehrung gefunden.

Ich akzeptiere mich nicht so, wie ich bin.

»Ja, das stimmt. Ich erwäge ja sogar, mich mit Politik zu beschäftigen, nur um ihn zufriedenzustellen. Damit er nicht aufbraust und ich nicht das Gefühl haben muss, nicht akzeptiert zu sein. Ich akzeptiere mich, meine Gefühle, mein Verhalten nicht, denn ich denke, ich müsste anders sein. Irgendwie anders. Ich brauche seine Bestätigung, dass ich o. k. bin. Irre eigentlich, oder?«

Die Fragen der Work und auch die Umkehrungen sind nicht dafür da, dass wir uns, je nachdem wie die Antworten ausfallen, selbst kritisieren oder fertigmachen. Maja könnte, wäre die Work ihr völlig neu, bei dieser Umkehrung auch in einen Schmerz zurückfallen: »Ich habe es ja gewusst. Ich bin schuld. Ich bin der Arsch. Ich schaffe es nicht, mich zu akzeptieren und das nur, weil meine Mutter mich auch nicht so wollte, wie ich bin. Die ist auch schuld…« und so weiter. Diese Peitsche führt nicht zu einer liebevolleren Sicht auf die Situation. In einer aufrichtigen Work gibt es keine Schuldzuweisungen. Ich schaue nur auf das, was wirklich war. Alles dient der Selbsterkenntnis. Maja konnte durch ihre Beispiele verstehen, dass sie sich unwohl fühlte, weil sie auf seine Bestätigung wartete. Dieses Muster zu erkennen ist hilfreich, denn an dieser Stelle kann sie etwas verändern, wenn sie möchte. Ihr Schmerz liegt in ihr selbst begründet. Nicht in ihm, seinem Verhalten oder seiner mangelnden Akzeptanz, wie sie ursprünglich dachte. Daran könnte Maja auch nichts ändern, denn darauf hat sie keinen Zugriff. Und auch die dritte Umkehrung:

Ich akzeptiere ihn nicht so, wie er ist,

ist nur eine Möglichkeit, um ehrliche Beispiele dafür zu finden, auf welche Weise Maja ihren Freund nicht so akzeptiert, wie er ist. Sie dient nur dazu, der Wahrheit näherzukommen. Die Wahrheit befreit mich, wenn ich sie sehen kann. Maja hat sich von ihm eine andere Reaktion gewünscht und ihn damit nicht so akzeptiert, wie er in dem Moment war. Er sollte nicht aufbrausen, damit sie sich nicht schlecht fühlt. Das engt ihn in seinem Gefühlsspektrum ein, und auf diese Weise macht Maja sich von dem abhängig, was er fühlt. Eine ganz schöne Verwicklung, die sich nur mühsam lösen lässt.

»Ja«, sagt Maja, »ich habe gut gespürt, wie es ist, wenn ich an dem Faden meiner eigenen Stimmigkeit entlanggehe. Das könnte die Lösung für vieles sein. Wenn nicht für alles.«

Sie nimmt sich noch einen Moment Zeit, spürt, ob das für ihr Leben wirklich so stimmt, und fragt nach einer Weile:

»Aber – es ist doch schon so, dass ich ihn zurückweise, wenn ich für mich sorge, oder?«

Da wäre unsere Work an dieser Stelle zu Ende gewesen, hätte Maja nicht noch diesen Einwand gehabt. In unserer Sitzung hat sie etwas für sich gefunden, was so schön wäre, wenn sie es leben könnte. Wäre da nicht dieses »Aber«. In diesem »Aber« ist ein weiterer Glaubenssatz verborgen, den wir uns anschauen können. Auch dafür hatte Maja eine konkrete Situation vor Augen. Letzte Woche hatte ihr Freund sie abends angerufen und gefragt, ob sie mit ihm essen gehen wolle. Sie hatte ehrlich in sich hineingehört und gesagt, dass ihr mehr nach einem ruhigen Abend zumute sei und sie lieber zu Hause bleibe. Ihrem Gefühl nach hat er das zwar akzeptiert, hatte es aber schwer damit.

Ich weise ihn zurück, wenn ich für mich sorge.

Ist das wahr?

»Hm. Ja. Schon.«

»Kannst du absolut sicher sein, dass du ihn zurückweist, wenn du für dich sorgst? Wenn du ihm sagst, dass dir nach einem ruhigen Abend zumute ist?«

»Hm. Ja. Immer noch.«

»In Ordnung. *Und wie reagierst du in einer Situation, in der du das glaubst?*«

»Ich bin angespannt und verkrampft, obwohl ich mir doch was Gutes tun wollte. Aus dieser Anspannung heraus mache ich ihm innerlich Vorwürfe. Das fühlt sich verkehrt an, irgendwie falsch.«

»Und wer wärst du in der Situation neulich am Telefon gewesen, wenn du nicht geglaubt hättest, dass du ihn zurückweist, wenn du für dich sorgst?«

»Ich wäre offener ihm gegenüber gewesen. Ich hätte es für möglich gehalten, dass er das versteht, wenn auch nicht gleich und sofort. Ich wollte ja nichts Außergewöhnliches. Es gehört zu mir, das ich hin und wieder Zeit allein verbringen möchte.«

»Und wenn du diesen Gedanken überhaupt nicht mehr glauben würdest? Wenn du, nur mal angenommen, nicht mehr glauben könntest, dass du jemanden zurückweist, wenn du für dich sorgst. Wie wäre dein Leben?«

»Hui, es wäre viel entspannter. Und viel zufriedener. Dann wäre alles o. k. Dann wäre es überhaupt nicht mehr problematisch, für mich selbst zu sorgen, auf mich zu hören und dem anderen zu sagen, wie es für mich ist. Ja, das wäre richtig toll.«

»Und wie könnte das ein? Hast du ein Beispiel für die Umkehrung?«

Ich weise ihn nicht zurück, wenn ich für mich sorge.

»Das könnte ein Beispiel sein: Schließlich habe ich ja nur

von mir gesprochen. Ich habe nicht gesagt, dass er nervt oder mich in Ruhe lassen soll.«

»Ein zweites Beispiel könnte sein, dass ich wirklich ehrlich war. Ich habe mich getraut, aufrichtig zu sein und nicht nur irgendetwas zu erfüllen, was er vielleicht erwartet oder was ›man‹ normalerweise von einer Beziehung erwartet. Ich könnte fast schon sagen, dass das eine liebevolle Zuneigung zeigt.«

»Ah, das könnte die äußerste Umkehrung sein.«

Ich nehme ihn liebevoll an, wenn ich für mich sorge.

»Ja, denn diese Ehrlichkeit ist für mich ein Zeichen von Zuneigung. Wenn ich ehrlich sein darf, fließt auch meine Liebe wieder mehr, ich kann das richtig spüren. Es ist, als würde ich mit meiner Aufrichtigkeit überhaupt erst den Boden dafür bereiten, dass Liebe entstehen kann. Damit wir uns wirklich sehen, spüren und verstehen können. Und uns nicht aus Rücksichtnahme irgendetwas vorspielen, was wir nicht sind und uns dann in ein Gewebe verheddern, das wir nicht mehr entwirren können. Stimmt, jetzt wird es klar, und das fühlt sich wirklich großartig an: Meine Ehrlichkeit ist der größte Liebesbeweis, das schönste Geschenk, das ich ihm machen kann. Wenn ich glaube, meine Ehrlichkeit ist eine Zurückweisung, dann weise ich mich zurück. Und ihn. Und uns. Über kurz oder lang würden wir sowieso auseinandergehen, wenn wir uns einander nicht ehrlich zeigen. Denn was soll das dann für eine Beziehung sein?

Was mir wirklich guttut, ist zuallererst die Aufrichtigkeit mir selbst gegenüber. Daran möchte ich mich halten. Wenn ich mit mir selber stimmig bin, stimmt im Außen auch alles.

So kann die Liebe zu mir und überall hinfließen. Ja, ich sehe, es geht auch gar nicht anders. Verrückt, wie klar mir das jetzt ist. Und ich möchte eine Beziehung, in der wir uns auf dieser Ebene begegnen, alles andere brauche ich nicht. Ja, ganz einfach eigentlich. Oder?«

9 Liebeskummer

Ich will, dass er mich trotzdem liebt

Eines Tages sagte mein Freund wie nebenbei:»Ich hab da jemanden kennengelernt.« Ich horchte auf. Eigentlich ist diese Formulierung ja nicht sehr konkret, dennoch weiß jeder genau, was gemeint ist, wenn er diesen Satz hört. Ich achtete gut auf mein Gefühl und war auf eine sonderbare Weise neugierig, was ich empfinden würde, wenn er mit der Geschichte herausrückte.

Er sah meine Offenheit und berichtete, dass er eine Frau getroffen habe, die ihn interessierte. Dass er sie auch schon mehrmals gesehen habe und dass es ein schönes Spiel sei. Weiter nichts. Sie sei viel unterwegs, wolle auch nicht mehr, und ich las die Frage in seinem Gesicht, ob ich bereit sei, ihm dieses Abenteuer zu gönnen. Ich fühlte in mich hinein, sah ihn an, sah die Freude, die aus seinem Gesicht herausstrahlte und spürte ein Gefühl überdeutlich: Ich wollte, dass es ihm gut geht. Ich wollte den Mann, den ich liebe, freilassen. Ihn so lieben, wie er ist. Mit allem, was er fühlt und möchte. Ganz ehrlich, ich hatte das Gefühl, ich kann ihm das von ganzem Herzen gönnen. Er freute sich, und ich war mir seiner Liebe sicher. Gerade dann, wenn ich ihn nicht einenge, nicht von ihm verlange, dass er sich verbiegt, fließt meine Liebe sehr stark. Das ist nicht nur ein Geschenk für ihn, sondern auch ein Geschenk an mich selbst. Doch natürlich ist auch das kein Garant für Sicherheit. Auch jemand, der das Leben oder die Liebe nicht festzurren oder irgendwo anbinden will, kann nicht erwarten, dass immer alles so bleibt, wie es ist.

Ich befand mich gerade in einer Phase, in der ich mich körperlich nicht so auf der Höhe fühlte, er hingegen strotzte offensichtlich vor Kraft und Lebenslust. Drei Wochen lang hatte ich keine Schwierigkeiten mit der neuen Situation. Dann flog ich ins Ausland und sendete ihm vor dem Abflug eine Liebesnachricht. Im Flugzeug machte ich es mir bequem und freute mich darauf, am Gepäckband nach seiner Antwort zu schauen. Ja, da war eine Nachricht gekommen, auch eine freundliche, aber mir war trotzdem mulmig. Ein Smiley, der ein Herz zu mir herüberpustete. Nun ja. Keine persönlichen Worte. Hatte er keine Zeit gehabt? Ich holte meinen Koffer, beschloss, mir keine weiteren Gedanken darum zu machen und ging meiner Wege.

Am nächsten Morgen bemerkte ich ein Ziehen in meiner Brust. Ich dachte an ihn und schickte ihm ein: »Ich vermisse dich.« Bisher hatte er das immer gern gehört. Auch diesmal kam als Antwort nur irgendein Emoticon. Ja, es hatte wieder Herzen dabei, dennoch konnte ich diese Herzen nicht fühlen. Das Ziehen wurde stärker und zog einen großen Teil meiner Aufmerksamkeit auf sich. Am Abend beschloss ich, ihn zu fragen, wie es ihm gerade gehe und direkt um Antwort zu bitten. Die Antwort kam erst am nächsten Tag: Er habe sich sehr gefreut über meine Frage und es gehe ihm gut. Er sei so dankbar, dass er das Leben mit zwei faszinierenden Frauen teilen dürfe, das wäre wunderbar.

Mir war unwohl. Das klang ja nun schon eher gleichwertig. Abgegriffene Gedanken wie:»Bin ich noch seine Nummer eins?« begannen in mir ihr Unwesen zu treiben und konnten aus der Entfernung nicht wirklich geklärt werden. Es kam noch eine Mail von ihm, die mir versicherte, wie lieb er mich habe, und dass ich mir keine Sorgen machen solle. Das mulmige Gefühl blieb.

Als ich zurückgekehrt war, nahm er mich so zärtlich in den Arm, verwöhnte und umgarnte mich, dass mir meine Gedanken wie Phantasiegebilde vorkamen. Ich hatte mich da in etwas reingesteigert und es dann geglaubt. Er untermauerte das auch mit der Aussage, dass er mein Gefühl verstehen könne, wenn er sich unsere Kommunikation auf dem Handy nachträglich noch einmal anschaue. Er habe sich dabei gar nicht so viel gedacht…

Eine Woche fühlte sich wieder alles so an, als seien wir am richtigen Platz zur richtigen Zeit. Dann hörte ich plötzlich zwei Tage nichts von ihm. Er antwortete nicht mehr und war wie vom Erdboden verschwunden. Da dämmerte mir, dass er sicher gerade Zeit mit ihr verbrachte. Das war nicht leicht, so ohne Ankündigung und ohne ein liebes Wort. Immer öfter beschlich mich das Gefühl, dass er nicht richtig bei mir war, selbst wenn er bei mir war. Bis er eines Morgens in aller Herrgottsfrühe aufstand, weil er nicht schlafen konnte, und weinte, als ich zu ihm in die Küche kam. Ich bat ihn zu erzählen, er wich aus. Er versuchte, zwei andere Themen aufzubringen, plauderte sich um Kopf und Kragen, gestikulierte, sah mich nicht an. Ich spürte seine Verzweiflung, seine Not, sein Flüchtenwollen. Eine Ahnung stieg in mir auf und wurde deutlicher, bis ich mir sicher war. Er brauchte sie nur noch zu bestätigen. Die Beziehung zu der anderen Frau hatte sich entwickelt, war aufgeblüht, er war verliebt. Bis über beide Ohren. Er wollte mir nicht weh tun. In dieser Klemme saß er nun.

Ich wollte kein Mitleid, keine Almosen. Ich wollte, dass er bei mir ist, aus Liebe und Zuneigung. Und nur, wenn er wirklich auch bei mir sein wollte. In einer Zeit, wo ich mich schwächer fühlte als sonst, wollte ich nicht kämpfen, nicht in Konkurrenz zu einer anderen Frau treten. Und der Sog, der ihn zu ihr zog, war so deutlich, dass ich ihn nur anschauen musste, um sicher zu sein, dass ich jetzt gerade nicht von ihm bekommen würde, was mir wichtig war. Wir saßen eine Weile so da, in Stille, bis bei uns angekommen war, was das bedeutete. Es bedeutete, dass unsere Wege sich hier trennten. In meiner Phase war mir nach Ruhe und Geborgenheit, ihm stand der Sinn nach Abenteuer und nach einer energiegeladenen Frau. Wir verabschiedeten uns, wohl wissend, dass es eine Weile wehtun würde.

Und ja, es tat weh. Tagelang sah ich die Bilder in meinem Kopf, wie schön die Zeit gewesen war, als er mich noch umarmte, wie wir gemeinsam Musik gehört hatten, wie wir morgens miteinander aufgewacht waren und ich meinen Körper in der Nacht an seinen hatte pressen können. Und ich spürte, wie gut sich das angefühlt hatte. Wie passend.

Was ich wirklich nicht fassen konnte, war, dass seine Liebe zu mir einfach so hatte schrumpfen können. Obgleich ich in meinem Leben so etwas auch schon erlebt habe, und ich auch ihn in unseren drei Jahren mal mehr und mal weniger geliebt hatte. Ich konnte es nicht begreifen. Gerade noch hatten wir schöne Dinge miteinander geteilt, gerade noch hatte er mich zärtlich umfangen, mich angelächelt, mit mir geschlafen und dabei Lust empfunden. Wie konnte es sein, dass dies nun alles nicht mehr wichtig war und er zu einer anderen Frau musste?

Seit wir uns verabschiedet hatten, waren wir nicht im Kontakt gewesen, drei Tage kein Wort. Ich stellte mir vor, dass sie beide froh waren, dass ich den Weg freigemacht hatte, ich sah vor meinem inneren Auge, wie sie es schön hatten miteinander und er auch nicht eine einzige Sekunde an mich dachte. Gleichzeitig wusste ich, dass ich gar nichts wissen konnte.

An Tag vier füllte ich endlich ein Arbeitsblatt aus, und meine liebe Freundin und Workkollegin Habiba Pierau nahm sich Zeit, mich zu begleiten.

Mein schmerzvollster Gedanke war:

Ich will, dass er mich trotzdem liebt.

Ich wollte, dass unsere Liebe nicht einfach so spurlos im Nichts verschwinden konnte. Ich wollte, dass etwas davon in ihm weiterlebte. Damit befand ich mich in seinen Angelegenheiten, und das war ein Grund dafür, warum die Sache so schmerzhaft war: an dieser Stelle konnte ich einfach nichts tun. Ob er nun an mich dachte, ob er mich noch liebte und wie sehr, ob von unserer Liebe überhaupt etwas weiterleben würde – all das lag nicht in meiner Hand. Und wenn ich diesem Gedanken Glauben schenkte, erzeugte das ein Gefühl der Ohnmacht in mir. So wie immer, wenn ich etwas will, was nicht in meiner Macht steht. Abhängig, machtlos und oft gesellt sich auch noch Wut dazu. Ich will aber!

Wie gehe ich mit dem Mann um, von dem ich behaupte, dass ich ihn liebe, wenn ich diesen Gedanken glaube? Ich sah ein Bild vor Augen. Ein theatralisches Bild, dennoch traf es ganz gut. Er ging aus meiner Tür, trat auf die Straße und ich hinterher. Gerade noch konnte ich den Saum seines Mantels fassen. Er blieb nicht stehen, ich ließ nicht los. Er schleifte mich ein paar Straßen mit. Es tat weh, aber ich ließ nicht los. Ich wollte, dass er mich trotzdem liebt.

Wie behandle ich ihn, wenn ich das von ihm will? Mit aller Kraft will ich noch etwas aus ihm herauspressen, etwas erzwingen, ihm etwas abtrotzen. Hand aufs Herz, es geht mir nur um mich. Ich will etwas haben. Nicht lieben. Das zu erkennen, kann wehtun und gleichzeitig erleichtern. Nicht selten kommt es vor, dass Menschen mit Liebeskummer ganz fest glauben, dass sie den, der gegangen ist oder gehen will, über alles lieben. Er war/ist die Liebe ihres Lebens. Wenn die Liebe des Lebens sich entfernen will, schmerzt das natürlich wie Hölle. Man brennt Tag und Nacht in lodernden Flammen und ist dazu bis an sein Lebensende verdammt. Das kann der andere doch nicht im Ernst wollen. Nach allem, was war. So geht die schmerzliche Geschichte, mit der der Verstand das Leid erzeugt.

Tauchen wir aber in die Meditation der Work, begeben wir uns in Stille auf den aufrichtigen Pfad der Wahrheit. Oft stellt sich dann heraus: Ich wollte etwas von dem anderen. Er sollte etwas für mich tun, eine Lücke schließen, etwas ausgleichen oder einfach machen, dass ich mich wertvoll fühle. »Ich liebe ihn« – ist das wirklich wahr? Liebe ich ihn so, wie er ist, mit allem, was er mitbringt? Mit seinen Sehnsüchten, seinen Neigungen und auch mit dem Wunsch, jetzt von mir wegzugehen? Liebe ich ihn mit all dem, was er ist? Ganz ehrlich? Stimmt diese Geschichte von der großen Liebe?

Wer wäre ich ohne den Gedanken: Ich will, dass er mich trotzdem liebt?

Manchmal will sich die Tür zu dieser vierten Frage der Work nicht gleich öffnen. Der Gedanke klebte so fest an mir wie ich am Saum seines Mantels. Unvorstellbar, selbst für ein paar Minuten, wie es wäre, würde der in meinem Kopf nicht vorhanden sein. Mir hilft in solchen Fällen, mich zu entspannen. Ich lehne mich zurück, atme und verspreche mir, nichts zu erzwingen. Vielleicht geht die Tür auf, vielleicht auch nicht. In diesem Fall vergingen einige Minuten, bis ich spürte, wie mein Körper durchatmete. Wenn ich wirklich keine Gedanken hätte, die irgendetwas anderes wollen als er, dann gäbe es kein Problem. Er würde weiter die Straße hinunterlaufen und sich entfernen, ohne sich auch noch einmal umzusehen. Meine Augen könnten das wahrnehmen, meine Sinne es bemerken. Und meine Gedanken würden es nicht als problematisch einordnen. Da wäre noch die Straße, Autos, andere Menschen, Gerüche in der Luft, Geräusche und nicht zuletzt ich. Hätte ich den Gedanken nicht, dürfte er gehen, wohin er möchte. Mit wem er möchte. Da wäre Respekt vor seinem Weg. Vor seinem Leben. Was weiß man schon, warum man manchmal links abbiegen muss, anstatt geradeaus zu gehen? Dieser Respekt macht mir ein warmes Gefühl. Dieser Respekt ist meine Angelegenheit. Und er fühlt sich schon eher nach Liebe an. Dieser Respekt tut auch nicht weh. Ich lasse ihn frei, er muss nichts mehr für mich tun. Damit befreie ich auch mich.

Ich will nicht, dass er mich trotzdem liebt, ist eine Umkehrung, das einfache Gegenteil meines ursprünglich stressigen Glaubenssatzes.

Mein Verstand hatte in diese Richtung bisher noch nicht gedacht. Auf der Suche nach konkreten Beispielen für diese Umkehrung gab ich ihm die Chance, eine neue Perspektive einzunehmen. Mein erster Gedanke war: Oh ja, wenn ich das nicht will, dann hört das Geziehe und Gezerre an ihm auf. Dann gibt es die Chance, das wieder Ruhe reinkommt. Dann ist es ein ehrlicher, deutlicher Schnitt. Der Schmerz verlängert sich nicht noch mal künstlich durch mehrere fruchtlose Gespräche, die wir noch führen. Gespräche, in denen ich ihn auf verschiedene Weisen zu manipulieren versuche, damit er mir am Ende doch gesteht, dass da noch Liebe für mich ist.

Ich will nicht, dass er mich trotzdem liebt, damit es ein klares Ende gibt.

Ich will nicht, dass er mich trotzdem liebt, damit ich wieder sehen kann, wie gut es sein kann, sich zu lösen. Ich möchte, dass er sich löst, wenn er sich lösen möchte. In unseren drei Jahren habe auch ich mich manchmal lösen müssen. Nicht lang und manchmal war es vielleicht auch mein Geheimnis. Sich zu lösen gehört auch zum Lebendigsein. Wie Ebbe zur Flut, wie laut zu leise, wie der Tag zur Nacht. Kommen und Gehen.

Wir wissen nie, wie viel des Sichlösens es braucht, wie lange es dauert und wann es danach wieder mal nötig sein wird.

Und, als drittes Beispiel, will ich nicht, dass er mich trotzdem liebt, weil es anstrengend ist, danach Ausschau zu halten. Diese Frage im Kopf: Liebt er mich? Das ist die Hölle. Ihn zu beobachten, seine Handlungen darauf abzuklopfen, ob sie auch Liebe beinhalten. Meine zweifelnde Aufmerksamkeit auf seine Taten verstärkt den Liebeskummer und bringt mich immer weiter weg von mir. Von dem Ufer, an das ich eigentlich segeln will.

Ich will, dass ich mich trotzdem liebe,
ist die Umkehrung zu mir selbst. Und ja, natürlich, das war mir schon klar. Die ganze Zeit. Ich wollte und musste zu mir selbst zurück, mich mit mir und meinem Leben wieder rund und wohl fühlen.

Ein Beispiel für diese Umkehrung war für mich: Ich will, dass ich mich trotz allem liebe, was ich gerade fühle. Obwohl ich mich gerade kaum wiedererkenne. Obwohl ich mich bedürftig fühle. Obwohl ich mich in eine Art Abhängigkeit hineinmanövriert habe, die mir nicht guttut. Obwohl meine Gefühle dauernd schwanken. Obwohl mir bei jeder Kleinigkeit die Tränen aus den Augen fließen.

Ich will auch, dass ich mich trotz allem liebe, was ich in

unserer Beziehung übersehen habe, was ich nicht beachtet, oder leichtsinnig vom Tisch gefegt habe. Ich will, dass ich mich liebe, obwohl ich manchmal ungeduldig mit ihm war, fordernd oder nur von mir ausgegangen bin.

Und wenn mir kein Beispiel mehr einfällt, kann ich mich fragen: Was genau wollte ich denn ursprünglich von ihm, wie er mich trotzdem hätte lieben sollen? Was hätte er tun, fühlen oder sagen müssen? Hatte ich da konkrete Vorstellungen in meinem Kopf? Oh ja. Es gab vor allem Worte, die ich gern von ihm gehört hätte. Liebevolle Worte. Mein Wunschtext (unter Beachtung der realen Umstände) ging in etwa so:

Meine Süße, ich habe dich vom ersten Moment an geliebt. Auch, wenn ich dir zu diesem Zeitpunkt noch gar nicht wichtig war. Ich sehe, dass du es schwer damit hast, dass mein Weg jetzt mal von dir wegführt. Das macht auch mir das Herz schwer. Ich wünsche mir sehr, dass er in nicht allzu langer Zeit wieder zu dir führt und dass deine Tür sich dann noch für mich öffnet. Bitte melde dich, wenn du etwas von mir möchtest, was ich auch tun kann. Dann bin ich für dich da. Meine Liebe zu dir wechselt nur ihre Farbe, vielleicht auch die Form, aber sie verschwindet nicht. Alles, was wir erlebt haben, ist mir wichtig, durch dich habe ich viel gelernt, und ich bin dir sehr dankbar. Wenn du erlaubst, nehme ich dich in den Arm. Ich wünschte, du könntest spüren, dass ein Teil von mir immer bei dir ist.

Hätte er so etwas in der Art zu mir sagen können, hätte ich das Gefühl gehabt, dass er mich trotzdem liebt. Kann ich mir das, was ich gern von ihm gehört hätte, selber sagen? Es in mich aufnehmen, ernst nehmen? Wie wäre es, wenn ich selbst die Liebe meines Lebens sein könnte? Nicht nur jetzt, in dieser Phase von Liebesbedürftigkeit, sondern immer. Ich las mir den gleichen Text in der Umkehrung zu mir vor und konnte finden, dass vieles davon stimmte. Diese Umkehrung konnte ich wie eine Anleitung zum Mich-selber-Lieben lesen.

Süße, ich habe mich vom ersten Moment an geliebt. Auch, wenn ich mir zu diesem Zeitpunkt noch gar nicht wichtig war.

Wenn ich ehrlich bin, war es mir zu dem Zeitpunkt unseres Kennenlernens wichtiger, was er über mich denkt, was er von mir hält und ob er mich wird lieben können. Dennoch war da, eher unbewusst, natürlich eine Liebe für mich.

Ich sehe, dass ich es schwer damit habe, dass mein Weg jetzt mal von mir wegführt. Denn auch jetzt, in dieser Phase des Liebeskummers, hänge ich mehr an ihm als an mir. *Das macht auch mir das Herz schwer. Ich wünsche mir sehr, dass er in nicht allzu langer Zeit wieder zu mir führt und dass meine Tür sich dann noch für mich öffnet. Ich möchte mich melden, wenn ich etwas von mir möchte, was ich auch tun kann. Dann bin ich für mich da.*

Mich bei mir zu melden, wenn ich etwas brauche, setzt voraus, dass ich mir überhaupt erst einmal eingestehe, dass ich etwas brauche, dass ich es bemerke. Und mich dann als Erstes bei mir selber zu melden, kann ungeheuer befreiend sein. Nicht von anderen zu wollen, dass sie das Loch stopfen oder kitten. Nicht nach Aufmerksamkeit und Liebesbeweisen zu gieren, denn die geben meiner Bedürftigkeit Nahrung und machen mich abhängig. Mich bei mir selber melden, die Gefühle erlauben, die damit einhergehen. Das ist ein wichtiger Schritt zur Selbstliebe. Ich fühle, was ich fühle. Punkt. Ich muss nicht wissen, warum, woher und wohin. Ich brauche sie nur zu erlauben. Der Körper hat seine eigene Weisheit, und ich muss nicht alles mit meinem Verstand durchdenken.

Meist möchte ich gar nicht wirklich etwas von dem anderen, das ist oft nur eine Projektion. Früher war mein Denken darauf ausgerichtet zu glauben: »Ich fühle mich so, weil jemand anders dies oder das gemacht hat, oder weil die Umstände sich zu meinen Ungunsten entwickelt haben.« Heute ist es für mich viel hilfreicher, die Ursache zu mir zu holen. »Ich fühle mich so, weil *ich* dies oder das gemacht habe. Oder nicht gemacht habe. Oder nicht bemerkt habe, oder unachtsam war, oder es nicht sehen wollte.« Mit dieser aufrichtigen Sichtweise kann ich wachsen, lernen und bin nicht mehr das Opfer.

Der Text war in dieser Umkehrung auch sehr wahr, das konnte ich fühlen. Ich möchte mich bei mir selber melden, wenn ich etwas brauche und dann schauen, was ich tun kann. Und auch, wenn ich mich selbst in der Zeit des Liebeskummers nicht so gut spüren konnte, stimmte auch dies:

Meine Liebe zu mir wechselt nur ihre Farbe, vielleicht auch die Form, aber sie verschwindet nicht. Alles, was ich mit mir erlebt habe, ist mir wichtig, durch mich habe ich viel gelernt, und ich bin mir sehr dankbar. Wenn ich es erlauben kann, nehme ich mich selbst in den Arm. Ich wünschte, ich könnte spüren, dass ein Teil von mir immer bei mir ist.

Ich las diesen Text nochmal zusammenhängend und stellte fest: Ich hatte diese Worte hören wollen, und er hatte sie nicht gesagt. Ich kann ihn nicht dazu bewegen, diese Worte zu sagen, und selbst, wenn das ginge, wäre ich nicht zufrieden.

Denn ich will ja, dass sie ehrlich aus seinem eigenen Herzen kommen. Wenn diese Worte also nirgendwo anders herkommen und sie mir aber wichtig sind, kann ich sie mir selber sagen und spüren, ob darin für mich ein Wahrheitsgehalt liegt. Ob sie mich auch auf diese Weise berühren können. Ob sie mich wieder zu mir führen, an das Ufer, an das ich ureigentlich segeln will.

In dieser Work hatte ich bemerken können, wie sich mein Wunsch nach mehr Liebe von ihm angefühlt hatte. Wie schmerzhaft es war, mehr Liebe zu wollen, als der andere zu geben vermochte. Und wie dies verhinderte, dass meine Liebe zu ihm weiterleben konnte. Unterdrücke ich meine Liebe oder versuche, sie gewaltsam abzuschneiden, ist dieser Schmerz noch zusätzlich bei mir. Wie schön wäre es doch, wenn ich das nicht tun müsste.

Außerdem erinnerte mich jedes kleine Detail in der Wohnung an ihn, und war ich nicht fähig, liebevoll an ihn zu denken, tat es jedes Mal weh. Der Salat im Kühlschrank, den wir beide so liebten. Autsch. Die CD mit der Kirchenmusik, die ich manchmal nur für ihn aufgelegt hatte. Autsch. Der Fahrradkorb, den er gerade repariert hat. Autsch. Der Schmerz lauerte an jeder Ecke.

Konnte ich den Text auch zu ihm umkehren – konnte das passen? Auch, wenn ich diese Worte so nicht in sein Gesicht gesagt hätte, habe ich mir sein Gesicht doch vorgestellt und die Worte ausgesprochen.

Mein Süßer, ich habe dich vom ersten Moment an geliebt. Auch, wenn ich zu diesem Zeitpunkt noch gar nicht gemerkt habe, dass du mir wichtig bist.

Das stimmt. Ich habe mich von Anfang an mit ihm wohl gefühlt, wollte unsere Geschichte aber nicht gleich so ernstnehmen. Ich habe bemerkt, dass das nicht immer angenehm für ihn war.

Ich sehe, dass auch du es schwer damit hast, dass dein Weg jetzt mal von mir wegführt. Das macht auch mir das Herz schwer.

Auch das stimmt. Ihm war das Herz so schwer gewesen, er hatte geweint, es nicht wahrhaben wollen. Auch ihm tat es weh, dass die Geschichte sich so entwickelt hatte.

Ich wünsche mir sehr, dass er in nicht allzu langer Zeit wieder zu mir führt und dass meine Tür sich dann noch für dich öffnet.

Für diesen Augenblick, in dem ich die Worte aussprach, stimmte das. Ich wollte, dass er wiederkam und hatte dennoch keine Ahnung, ob meine Tür dann noch offen sein würde.

Bitte melde dich, wenn du etwas von mir möchtest, was ich auch tun kann. Dann bin ich für dich da. Meine Liebe zu dir wechselt nur ihre Farbe, vielleicht auch die Form, aber sie verschwindet nicht. Alles, was ich mit dir erlebt habe, ist mir wichtig, durch dich habe ich viel gelernt, und ich bin dir sehr dankbar. Wenn du erlaubst, nehme ich dich in den Arm. Ich wünschte, du könntest spüren, dass ein Teil von dir immer bei mir ist.

Mein Lesen wurde immer wieder von Tränen unterbrochen, fühlte ich doch, dass auch diese Umkehrung wahr war. Es ist so viel leichter, sich weiterhin mit dem Liebevollen zu verbinden. Auch wenn ich für ihn nicht mehr alles sein und tun kann. Und selbst, wenn er von dieser Liebe nicht das kleinste Fitzelchen mitbekommt, macht das gar nichts. Es ist ein reiner Akt der Selbstliebe.

10 Sex

Ich möchte jemanden an meiner Seite, mit dem der Sex schön ist

*I*ch sitze mit einer Freundin abends beim Wein. Sie kennt The Work, sie kennt meine Bücher. Sie hat eine Arbeit, die sie erfüllt, eine warmherzige Familie, genug Geld, sie ist gesund, aber irgendwie scheint dennoch etwas zu fehlen.

»Ja, Ina, mal ehrlich«, sagt sie, »ich kann mir nun fast alles selber geben, und das ist auch gut so. Aber Sex? Also wirklich, bei aller Liebe – den kann ich mir nicht selber geben. Nicht so... Es ist doch etwas anderes, ob ich da jemanden spüren kann, mit dem das schön ist.

»Ja«, sage ich, »das ist etwas anders. Und, hast du jemanden, mit dem es schön ist?«

»Nö. Im Moment nicht. Das ist es ja gerade.«

»Nun ja«, sage ich und dann nichts weiter. Ich kenne diese Gedanken. Sie schaut mich an.

»Wie, nun ja?«

»Also für mich ist es so: Solange ich niemanden habe, mit dem Sex schön ist, kann ich es mir selbst so schön machen, wie es geht. Bis da wieder jemand ist, mit dem es schön ist.«

»Jaaaa...« Meine Freundin ruckelt auf ihrem Stuhl hin und

her. »**Aber ich möchte ja gern jetzt jemanden an meiner Seite haben.**«

»Kann ich verstehen«, sage ich und lache. »Und? Wie ist die Realität? Ist da jemand?«

»Nee, hab ich ja schon gesagt.« Meine Freundin sieht aus, als hätte sie von mir etwas Klügeres zu dem Thema erwartet. Sie schielt zu mir rüber.

Ich sage: »Wollen wir mal die Work fragen?«
Sie nickt.

»*Wie fühlt es sich denn an, wenn du jemanden an deiner Seite möchtest, mit dem der Sex schön ist, und da ist gerade niemand?*

»Blöd. Blöd fühlt sich das an. Immer so bedürftig. Als gäbe es nur dieses eine Glück.«

»Ja«, sage ich und frage weiter: »*Wie behandelst du dich und deine Lust auf Sex, wenn du denkst*: Ich möchte jemanden an meiner Seite, mit dem es schön ist – und da ist gerade niemand?«

Meine Freundin seufzt. »Ich sehne mich. Ich bin traurig, dass da niemand ist, mit dem ich es genießen kann. Gestern Abend zum Beispiel. Ich denke dann, dass es nur ein Notbehelf ist, wenn ich es mir selber mache. Dass der wahre Sex erst mit einem Partner möglich ist. Ja, stimmt, ich finde Selbstbefriedigung irgendwie nicht vollwertig. Das ist ein hartes Urteil, oder?«

Sie schaut mich an. Möchte sie von mir wissen, ob das ein hartes Urteil ist, welches sie da seit einer Weile immer wieder fällt?

Eine Sache, die ich an der Arbeit mit der Work so liebe, ist, dass ich demjenigen, den ich begleite, keine Tipps oder Ratschläge gebe. Ja, ich bewege mich in einer Art wertfreiem Raum, solange es um den anderen und seine Welt geht. Das fühlt sich respektvoll an. Und beim anderen führt es zu größerem Selbstvertrauen, wenn ich ihm die Antworten nicht abnehme, sondern er sie selber findet und fühlt, und sich so unabhängig machen kann von den Meinungen anderer. Auch von solchen Leuten, von denen gemeinhin angenommen wird, sie sähen immer klar und man könnte auf ihr Urteil jederzeit vertrauen. Ich gebe die Frage also zurück:

»Wie fühlt sich das Urteil denn an? Wie ist es, so mit deinen eigenen Möglichkeiten umzugehen? In dem Moment, wo du mit dir alleine bist, und kein anderer dafür da ist? Gestern Abend zum Beispiel?«

»Ach ja«, sagt meine Freundin, »das fühlt sich schon hart und unflexibel an. Ich bin gar nicht offen dafür und irgendwie ziehe ich es vor, mich nach etwas zu sehnen, was nicht da ist. Ich ziehe es vor, diese Sehnsucht in Rotwein zu ertränken, bis ich sie nicht mehr spüre, und mir dann leidzutun. Und damit nicht genug, tun mir dann auch alle anderen Menschen leid. Die, die ebenso allein sind wie ich, aber auch diejenigen, die jemanden haben, die aber nicht so richtig gut miteinander klarkommen und sich irgendwie abmühen. Und sogar die, die es jetzt gerade gut haben und so blind sind, dass sie nicht sehen können, dass auch das nicht ewig währt. Puh…«

Sie lacht kurz auf und schüttelt den Kopf.

»Klingt wie ein Weltschmerz.«

»Ja, genau.«

»Und meist kommt ein stressiger Gedanke nicht allein«, fährt meine Freundin fort. »Wenn ich ihn glaube, schicke ich meine Vorstellungskraft in diese Richtung. Weitere Gedanken folgen, die sich in dem gleichen Themenkreis bewegen. Wenn ich denen auch noch nachgehe und bereit bin, ihnen Glauben zu schenken, dann stecke ich in einer Abwärtsspirale, die mich immer tiefer in ein unglückliches Gefühl hineinzieht. Nach einer Weile frage ich mich dann, was hier eigentlich los ist und warum es mir so schlecht geht. Im Außen ist derweil nämlich gar nichts Wesentliches geschehen, was mein Gefühl rechtfertigen würde.«

»Das alles passiert also, so reagierst du, wenn du diesen belastenden Gedanken glaubst. Gut, das mal so klar zu sehen, oder?«

Meine Freundin nickt.

»Und wie ist dein Leben, wenn du in diesem Weltschmerz steckst?«

»Ach herrje«, sagt sie und nimmt einen großen Schluck aus ihrem Weinglas, »dunkel, ausweglos, es dreht sich alles im Kreis, irgendwie sinnlos.«

»Hm, ja«, sage ich. »Erlaube dir ruhig mal, das jetzt zu fühlen. Damit es ganz deutlich wird. So ist dein Leben, wenn du etwas möchtest, was aber nicht da ist.

»O. k.«, seufzt sie. »Na gut.« Sie lehnt sich zurück und gibt diesen Gefühlen für einen Moment die Möglichkeit, anwesend zu sein.

Ich kenne nur wenige Leute, die bereit sind, auch ihre scheinbar unangenehmen Gefühle mal da sein zu lassen. Sie zu fühlen. Meist sollen die schnell weg. Dafür lernen wir jede Menge Tools und Tricks. Das Leben soll doch schön sein, wozu habe ich denn so viele Bücher gelesen und Seminare besucht? ? Weil Davonlaufen eben nicht wirklich schön ist. Man ist immer der Gejagte.

»Und wer wärst du in so einem Moment, wo niemand anderes da ist, ohne den Gedanken, dass du jemanden an deiner Seite möchtest, mit dem der Sex schön ist?

Sagen wir, dieser Gedanke würde überhaupt nicht auftauchen?«

Meine Freundin atmet tief durch. »Hm, ja also, ohne den Gedanken … müsste auch niemand da sein … Ich würde mich an dieser Idee nicht so festbeißen.«

»Und wie wäre das?«

»Gut. Irgendwie friedlich. Einfach. Ich fühle schon etwas in meinem Körper, aber es ist kein dramatisches Sehnen, ich brauche nicht so viel Rotwein, und es gibt keinen Kater am nächsten Morgen, der mich wieder an das Fehlen von etwas erinnert.«

»Und wer wärst du dann gestern Abend gewesen? Du fühlst da etwas in deinem Körper und hast nicht den Gedanken, dass du jemanden an deiner Seite möchtest, mit dem der Sex schön ist.«

»Wer wäre ich gewesen? Ich wäre vielleicht gar nicht so spitz auf Sex gewesen. Und wenn doch, hätte ich das gefühlt und mal geschaut, was ich damit so machen kann. Vielleicht hätte ich mir eines von den kleinen Filmchen angesehen, die ich im

Schrank versteckt habe. Ich hätte meiner Phantasie freien Lauf lassen können. Ja, wer wäre ich ohne diesen Gedanken? Frei? Ja, frei. Ich würde meine Zeit mit mir verbringen und nicht mit Warten. Oh Mann!«

Wir lachen. Es ist so schön, wenn der Horizont wieder weiter wird. Wenn Möglichkeiten ins Sichtfeld rutschen und die problematische Betrachtungsweise nicht mehr die Oberhand hat. Wir sitzen ein bisschen beisammen und genießen die Freiheit, bis es Zeit ist, mal nach einer Umkehrung zu schauen.

»Könnte es also in so einem Moment wie gestern Abend auch stimmen, **dass du niemanden an deiner Seite möchtest, mit dem der Sex schön ist?**«

»Ähm, nein.« Meine Freundin richtet sich auf. »Noch lieber wäre mir natürlich, es wäre jemand da. Noch dazu, wenn der Sex mit ihm schön ist.«

»Ja, verstehe ich. Und wie war die Realität gestern Abend?«

»Tja. Weißt du ja. Niemand da.«

»*Also, wie könnte in so einem Moment die Umkehrung stimmen, dass du niemand an deiner Seite möchtest, mit dem der Sex schön ist?*«

»Na ja, in meinem Kopf sollte da niemand sein. Dieser Märchenprinz, dieser Superman, an den ja doch kein wahrhaft lebender Mensch heranreicht. Der sollte in mir und meinem Wünschen nicht so ernsthaft fehlen. Ha! Ich hab's! Er könnte ja schon an meiner Seite sein, wenn ich mir darüber im Klaren bin, dass ich meiner Phantasie folge. Überhaupt nur dort, in dieser Phantasie kann mein Partner dermaßen perfekt aussehen, riechen, schmecken und zu jeder Zeit genau das Richtige tun. In der echten Wirklichkeit ist das ja gar nicht zu machen... Ja, hihi, so fühlt sich das gut an. Solange da tatsächlich niemand ist, genieße ich die Zeit mit dem perfekten Lover in meinem Kopf. Mein Kopfkino. Oder mit dem perfekten Szenario, das ich so in der Wirklichkeit gar nicht erleben möchte.«

An der Körpersprache meiner Freundin kann ich sehen, dass ihr dieses erste Beispiel für die Umkehrung: **Ich möchte niemanden an meiner Seite, mit dem der Sex schön ist**, guttut. Sie lächelt, oder nein, vielleicht ist das eher ein Grinsen? So ein unverschämtes Grinsen, das sich aufs Gesicht schleicht, wenn sich von jetzt auf gleich ungeahnt eine bessere Alternative zeigt, die Kraft hat, die Spaß verspricht und gute Unterhaltung.

Mal sehen, vielleicht finden wir ja noch mehr:

»Hast du noch ein Beispiel für diese Umkehrung? Gestern Abend... Wofür war es gut, dass da niemand an deiner Seite war, mit dem der Sex schön ist?«

»Nun«, sagt meine Freundin, »das Problem hat sich gestern so richtig schön zugespitzt. So, dass ich deutlich spüren konnte, dass ich das auf diese Weise nicht mehr will. Und nun sitzen wir hier und bearbeiten es. Das ist gut, und ich fühle mich auch schon leichter. Wäre da gestern Abend jemand gewesen, mit dem der Sex schön ist, hätte mich das kurzfristig von dem Problem erlöst, aber dann hätte es jetzt keine richtige

Lösung gegeben.« Sie schaut mich ungläubig an. »Ist das ein Beispiel?«

»Ist es denn ein ehrliches Beispiel?«, frage ich zurück. »Also kannst du tatsächlich fühlen, dass es gut ist, dass dich gestern Abend niemand erlöst hat?«

»Ja, kann ich. Es ist alles echt.«

»Dann ist es auch ein echtes Beispiel. Fällt dir noch eins ein?«

Meine Freundin lehnt sich zurück, überlegt, bestellt sich beim gerade vorbeigehenden Kellner noch ein Getränk und schaut dann wieder vor sich hin. Es sieht nicht so aus, als ob ihr noch ein drittes Beispiel einfallen will. Aber ich habe die Erfahrung gemacht, dass es hilfreich ist dranzubleiben und denjenigen, mit dem ich die Work mache, nicht so schnell aus diesem Erforschen zu entlassen. Was ist so schlimm daran, mal eine Minute dazusitzen und kein Beispiel zu finden? Ich sitze manchmal fünf Minuten und länger in Stille und bemerke einfach alles, was sich zeigen will. Und manchmal taucht hinter all dem dann doch noch eine andere Antwort auf. Eine, die vergraben lag, verbuddelt, zugeschüttet unter all dem »Schnell-schnell« und dem »Mach-mal-hin«. Meine Freundin zögert, dann spricht sie einfach drauflos.

»Ach, gestern Abend habe ich mich noch so abhängig gefühlt. Abhängig von einem Mann, der mich auf perfekte Weise bedient. Ich habe sogar daran gedacht, mir einen Callboy zu bestellen! Mit so einer Abhängigkeit will ich einem Mann aber eigentlich nicht begegnen. Das wäre auch gar keine richtige Begegnung. Ich bin nur gierig und will etwas von ihm haben.

Insofern war es besser, dass da gestern Abend niemand war, mit dem der Sex schön ist. Ich möchte mich erstmal mit mir allein wohlfühlen.«

»Gut, das könnte uns zu unserer zweiten Umkehrung führen. Wie kannst du den Gedanken: ›Ich möchte jemanden an meiner Seite, mit dem der Sex schön ist«, sinnvoll zu dir umkehren?

Ich möchte an meiner Seite sein, damit der Sex mit mir schön ist?

»Ja, das wäre eine Möglichkeit. Inwiefern hättest du gestern Abend an deiner Scitc scin können, damit der Sex mit dir schön ist?«

»Schön. Phhh… Ich habe dem Sex mit mir ja noch nicht mal eine Chance gegeben. Ich hätte mir ein paar Minuten gönnen können, in mich hineinspüren und schauen, worauf ich jetzt Lust habe. Und mich dann langsam vortasten. Wenn ich mir jetzt vorstelle, dass ich dasitze und mich wahrnehme, dann fühlt sich das allein schon gut an. Vielleicht hätte es noch nicht einmal sexuelle Handlungen gebraucht. Allein das Spüren hätte ich schon genießen können. Ich erinnere mich an eine Begebenheit, die schon etwas zurückliegt, da war ich so rollig, dass ich, ohne mich selbst zu berühren oder berührt zu werden, gekommen bin. Vielleicht hätte das gestern auch wieder passieren können. Und, das ist mein drittes Beispiel, ich hätte meine Phantasie benutzen können, anstatt ihr zum Opfer zu fallen. Alles, was ich mir wünsche, kann ich mir auch vorstellen und mich dem hingeben. Wenn ich an meiner Seite bin, bin ich total frei.«

Es sieht aus, als wären wir am Ende unserer kleinen Work

angelangt. Vom Anfang unseres Gespräches ist aber bei mir noch ein anderer Glaubenssatz hängengeblieben.

Selbstbefriedigung ist nicht vollwertig.

»Was sagst du, *stimmt das noch*?«

»Nö, irgendwie nicht.«

»Magst du den Satz noch umkehren? Inwiefern ist Selbstbefriedigung für dich vollwertig? Oder sogar noch vollwertiger als mit einem Partner?«

»Ha! Lustig. Vollwertig, das klingt gut. Wenn da kein Partner ist, kann ich mich meiner Lust hingeben, solange ich will. Es dauert dann nicht zu lange und geht auch nicht zu schnell, es ist weder zu anspruchsvoll noch zu umständlich. All das habe ich in meinem Leben schon von Männern gehört. Ich kann sicher sein, dass ich niemanden strapaziere oder derjenige mir nur einen Gefallen tut. Auch das ist schon vorgekommen.

Ja, ich kann an meiner Seite sein. Das ist auf jeden Fall gut. Und ich möchte damit auch nicht aufhören, wenn da mal wieder jemand an meiner Seite ist. Dann ist es doppelt schön.«

11 Mein inneres Kind

*Ich habe heute Schwierigkeiten
mit der Liebe,
weil meine Eltern sie mir
nicht vorgelebt haben*

*L*iebe! Liebe ist ein großes Wort. Ein Wort mit viel Interpretationsspielraum – ergo verbunden mit Missverständnissen, Enttäuschungen, Schmerz. In dem Prozess, mich selber lieben zu lernen, zu mir zu stehen und mich nicht zu verbiegen, war es unausweichlich für mich, auch zu den Männern, die ich geliebt habe, Grenzen zu ziehen, Nein zu sagen, keine faulen Kompromisse mehr einzugehen. Manchmal haben sich dadurch unsere Wege getrennt, was nicht unbedingt das Ende der Liebe zur Folge haben musste. Die Trennungsphasen waren oft mit Grübeleien verbunden. In dem Glauben, ich könnte nicht lieben, nicht ausreichend jedenfalls, mich nicht einlassen, und vor allem mich selbst nicht so sehr lieben, um neben dem Wünschen und Wollen meines Partners gut in mir zu ruhen, habe ich mich gefragt: Wieso weiß ich denn nicht, wie das geht? Andere scheinen es ja zu wissen. Wie liebt man sich selbst? Auch wenn die Antwort auf diese Frage auf unterschiedlichen Wegen daherkommen kann, gibt es Menschen, die sie offenbar gefunden haben. Wieso ich nicht? Mein Verstand spuckte mir immer wieder die gleiche Antwort aus: »Tja, woher sollst du das auch wissen? Von wem hättest du es denn lernen können? Hat dir das irgendjemand vorgelebt? Haben deine Eltern sich etwa geliebt? Deine Großeltern? Waren Lehrer und Erzieher mit Liebe am Werk? Nein, niemand! Ich muss die ganze Selbstliebe erst mühsam erlernen, weil meine Eltern mich als Kind auch nicht richtig geliebt haben; mir nicht das Urvertrauen implantieren konnten, liebeswert zu sein, was immer auch geschieht. Genau deswegen hadere ich ja mit mir.«

So, da habe ich ein ganzes Bündel an stressigen Glaubenssätzen, an »Urteilen über meinen Nächsten« wie das Arbeitsblatt so schön heißt, mit dem wir bei der Work unsere belastenden Gedanken über andere Menschen finden.

Ich schließe meine Augen und lasse mich zurücktreiben in meiner Geschichte. In meiner Schulzeit finde ich einige schmerzliche Begebenheiten. Ablehnung, Ausgrenzung, angedrohte Klassenkeile, Tadel im Hausaufgabenheft und den darauffolgenden Tadel meiner Eltern. Ich lasse mich weitertreiben. Kann ich noch früher fündig werden? Ich reise in die Zeit, in der ich in den Kindergarten gegangen bin. Den Teller leer zu essen war gerade große Mode, und ich passte wohl nicht in die Zeit. Die Kindergärtnerin hatte mich auf dem Kieker. Nicht nur beim Essen. Meine Eltern zu Hause, gestresst durch das Pensum ihres Studiums, gestresst durch die Oma, die bei uns wohnte, gestresst durch das Kind, dass dauernd krank war. Was habe ich von diesen Erwachsenen gehört? Von der Generation, die noch keine Bücher über Kommunikation gelesen hat, die noch nichts wusste von »bei mir bleiben«, »Ich-Botschaften« und »wertschätzender Kommunikation«? Was haben sie gesagt, was ich bin?

Natürlich bin ich mir bewusst, dass ich nicht weiß, was sie wirklich gesagt haben. Und dass Erinnerung oft ein Trugbild ist. Dennoch lebe ich heute mit der Wunde. Mit dem, was ich glaube, was sie gesagt haben. Mit meiner Interpretation. Was ich in diesem Alter, statt Liebesbotschaften, gehört habe, war: Ich befolge die Anweisungen nicht (beim Spazierengehen, beim Malen, beim Mittagsschlaf, überall). Ich bin zu faul. Ich bin zu laut. Ich verhalte mich nicht wie ein Mädchen. Ich bin nicht artig. Ich will dauernd was. Ich höre nicht. Ich bin im Weg. Ich bin uneinsichtig. Ich ziehe mich nicht dem Wetter gemäß an. Ich trödle herum. Ich weiß nicht, was ich will. Ich will Unmögliches. Ich sage nicht die Wahrheit. Ich sollte mehr mit meinen Freunden teilen.

Ich habe keinerlei Erinnerungen an Erwachsene, die sich wie im Hollywoodfilm zu mir heruntergekniet haben und wissen wollten, was ich über die Welt denke, wie ich es einrichten würde, wenn ich könnte, oder was ich brauche, um mich wohl zu fühlen. Ich erinnere mich nicht an geduldige Erwachsene, die Zeit hatten, mir Dinge zu erklären, sie auf kindgerechte Weise zu erklären. Und auch das ist bloß meine Erinnerung. Aber diese Erinnerung an meine Kindheit macht mein heutiges Gefühl zu ihr aus. Glaube ich, meine Eltern/Großeltern/Erzieher/Lehrer hätten mich mehr lieben sollen, dann verbinde ich mich mit meinem verletzten inneren Kind. Ich brauche ihre Liebe immer noch, obwohl das Rad der Zeit sich längst weitergedreht hat.

Ich habe geglaubt, dass ich es schwerhabe, echte Liebe zu entwickeln, weil ich in der Beziehung meiner Eltern keine Liebe gespürt habe.

Und ist es denn wahr?

Kann ich das wirklich ganz sicher wissen, dass ich jetzt Schwierigkeiten mit der Liebe habe, weil meine Eltern es mir nicht vorgelebt haben?

Ich lasse diese Frage auf mich wirken, verlange nicht nach schnellen Antworten. Wenn ich aufrichtig nach der Wahrheit suche, ist meine Antwort Nein. Ich kann das nicht sicher wissen.

Und wie reagiere ich, wenn ich diesen Gedanken glaube?

Als ich das noch geglaubt habe, kam ich mit meinen Eltern nicht ins Reine. Es war unmöglich. So sehr sie sich auch bemühten, mich unterstützten, mir ihre Liebe zeigten – es war nie genug. Denn da war ja das tiefe Liebesloch, das in meiner Geschichte klaffte, und das hatten sie verursacht. Und für Menschen, die das Drama lieben, können solche Löcher niemals gestopft werden. Sie erfinden dafür Namen und Wendungen, schmücken sie aus, unterfüttern sie mit Poesie, halten sie mit Erzählungen am Leben und finden andere, die bezeugen können, das es sich genau so zugetragen hat und dass sie selbst wirklich nichts dafür können. Sie sagen Worte wie: »furchtbar« und »Katastrophe«, »bestürzend«, »entsetzlich« und »gespenstisch« und glauben an ihre Version der Geschichte.

Als ich noch glaubte, nicht lieben zu können, weil meine Eltern mir dies nicht vorgemacht hatten, kam ich auch mit meinem Leben nicht ins Reine. Ich sah keine Möglichkeit, jetzt und hier glücklich zu sein. Wie hätte das denn bitte schön gehen sollen, mit solch »tiefen Wunden«, die »mir gerissen worden« waren? Damals war ich noch nicht in der Lage, die Geschehnisse aus einem anderen Blickwinkel zu betrachten, die Perspektive zu ändern. Ich klebte fest an meiner Interpretation.

Und bin ich es gewohnt, Ereignisse gegen mich zu interpretieren, dann finden genau solche Ereignisse in meiner Wahrnehmung immer wieder statt.

Wer wäre ich ohne den Gedanken?

Antworten auf diese vierte Frage der Work zu finden, kann etwas Kontemplation benötigen. Ich lehne mich zurück, überstürze nichts, denke nicht angestrengt nach. Ich öffne mich lediglich für das, was ich ehrlich und authentisch finden kann. Und so lange warte ich in Ruhe ab.

Hätte ich nicht geglaubt, dass ich Schwierigkeiten mit der Liebe habe, weil meine Eltern sie mir nicht vorgelebt haben, dann hätte ich einfach Schwierigkeiten gehabt. Punkt. Das fühlt sich irgendwie leichter an. Nicht so kausal verstrickt. Da gibt es keine Schuldfrage und ergo keine Notwendigkeit, noch etwas aufzuarbeiten oder gar zu rächen.

Ohne diese Verstrickung hätte ich leichter Lösungen finden können. Hätte Ideen gehabt, was ich tun könnte und spüren können, was ich brauche. Im jeweiligen Moment. Meine Erfahrung ist: Heilung ist jetzt. Habe ich jetzt ein Problem mit irgendetwas aus der Vergangenheit, kann ich es auch nur jetzt lösen. Das Problem ist nicht damals, es ist immer jetzt. Immer in dem Moment, wo ich es als Problem empfinde.

Gänzlich ohne meinen Gedanken hätte ich vielleicht noch nicht einmal »Schwierigkeiten mit der Liebe« gehabt. Dann hätte ich mich in meinem Leben in einem Prozess befunden, sonst nichts. Als Kind, und auch als Erwachsene. Ich hätte mal mehr und mal weniger Liebe gespürt, wäre ihr aber immer wieder nachgegangen. Hätte mich nach ihr ausgerichtet. Und manchmal auch nicht. Hin und wieder hätten Wege sich getrennt. Wenn ich das nicht in das Schubfach »Schwierigkeit« einsortiere, ist es einfach der Lauf der Dinge. Es ist einfach, wie es ist. Undramatisch. Unproblematisch.

Die erste Umkehrung für den Gedanken:

Ich habe jetzt Schwierigkeiten mit der Liebe, weil meine Eltern es mir nicht vorgelebt haben, lautet:

Ich habe jetzt keine Schwierigkeiten mit der Liebe, weil meine Eltern es mir nicht vorgelebt haben.

Hui, das ist ein richtiges Aufatmen. Selbst, wenn die Situation, in der ich das dachte, schon ein paar Jahre zurückliegt. Ich komme erstmal von dem Trip runter, dass ich Schwierigkeiten habe. Augen auf! Ich komme klar. Ich bin auch vor zehn Jahren klargekommen. Und vor zwanzig. Und auch als Kind. Immer. Ich habe immer geatmet, hatte immer zu essen und ein Dach über dem Kopf. Zu jeder Zeit hatte ich Freunde und genügend Geld, um mich zu versorgen. Noch niemals habe ich mich ernsthaft in Gefahr befunden. Noch nie war ich von allen verlassen, es sei denn, selbst gewählt. Die Idee, ich hätte Schwierigkeiten mit der Liebe, könnte eine dieser Dramatisierungen sein, die die Geschichte vom armen vernachlässigten Kind am Leben erhalten.

Was könnte es denn sein, was meine Eltern mir nicht vorgelebt haben und weswegen ich von Glück sprechen kann, dass es so war? (Bitte lassen Sie es sich nicht entgehen, Ihre eigenen Beispiele zu finden.) Natürlich ließen sich hier leicht Negativbeispiele finden. Mir wurde nicht vorgelebt, dass Schläge okay sind oder Essenentzug. Ich wurde auch nicht eingesperrt oder andere Dinge, die noch eine Generation weiter zurück im Bereich des Möglichen lagen.

Aber was von dem, was ich mir gewünscht und nicht bekommen habe, war denn geradezu ein Geschenk? Als kleines Kind habe ich mir von meinen Eltern ein offenes Ohr gewünscht, ein offenes Herz und offene Fragen. Warum habe ich heute keine Schwierigkeiten, weil ich genau das als Kind nicht bekommen habe?

Weil ich gelernt habe, nicht davon abhängig zu sein, dass andere offen mit mir sind. Ich freue mich, wenn es geschieht. Das fühlt sich frei an. Mit einer Abhängigkeit wäre ich unfrei. Ich selbst kann natürlich immer offen sein, wenn das für mich passt. Und meine Offenheit trägt häufig dazu bei, dass mein Gegenüber sich öffnen kann. Das ist auch schön zu sehen.

Von den Lehrern habe ich mir damals gewünscht, sie würden den Schulstoff lebensnah vermitteln. So, dass ich erkennen kann, wofür ich das lerne. Warum habe ich heute keine Schwierigkeiten, weil ich genau das als Kind nicht bekommen habe?

Hm... Während ich auf die Antwort warte, erkenne ich, dass ich sehr gut klargekommen bin, ohne das Wissen auf diesen Gebieten. Erstaunlich, oder? Ich weiß nichts von Chemie, fast nichts von Physik und von Mathematik nur das Notwendigste. Freilich, ich würde mich freuen, dieses Wissen in der Hinterhand zu haben, aber gebraucht habe ich es nicht auf meinem Weg. Dadurch habe ich gelernt, andere Menschen zu fragen, in Büchern nachzuschlagen, meine Intuition zu benutzen oder etwas Eigenes zu erfinden. Es könnte sein, dass ich auf diese Weise eine Fähigkeit entwickelt habe, die ich heute sehr schätze. Ich finde nämlich für fast alles eine Lösung. Ich denke kreuz und quer, würfle alles nochmal durcheinander und finde dann immer Lösungen – oft auch ungewöhnliche.

Eine weitere Umkehrung für meinen belastenden Gedanken ist:

Ich habe jetzt Schwierigkeiten mit der Liebe, weil *ich* es mir nicht vorgelebt habe.

Könnte es sein, dass das »Problem« damals gar nicht so schlimm war und es nur deshalb schwierig wurde, weil ich es durch meinen Glauben daran bis heute aufrechterhalten habe? Das könnte sein. Bis ich vor siebzehn Jahren The Work kennenlernte, habe ich von allen Menschen, mit denen ich zu tun hatte, geglaubt, dass sie mir etwas geben müssen. Ich war von ihnen abhängig. Und bevor ich diesen Glaubenssatz nicht aufgelöst hatte, habe ich dieses Muster wiederholt. Immer und immer wieder.

Mir fällt auch auf, dass ich durch diese Abhängigkeit nicht gut für mich sorgen konnte. Aus Angst, die anderen zu verlieren, die ja die Quelle für Liebe und Wertschätzung waren. Es fiel mir schwer, Nein zu sagen oder genau zu formulieren, was mir wichtig ist. Ja, ich habe mir noch nicht einmal erlaubt, das zu spüren. Das bringt mich zur nächsten Umkehrung:

Ich habe jetzt Schwierigkeiten mit der Liebe, weil ich es mir jetzt nicht vorlebe.

Jetzt ist jetzt. Jetzt fühle ich Schmerz. Und jetzt kann ich ihn heilen. Fehlt mir jetzt Liebe, kann ich mir jetzt Liebe geben. Ich kann immer etwas finden, wofür ich mich lieben kann. Es braucht lediglich meinen offenen Verstand und ein Minütchen Zeit, um ein aufrichtiges Beispiel zu finden.

Fehlt mir jetzt ein offenes Ohr, kann ich mich mir zuwenden und ein offenes Ohr für mich haben. Für das, was gerade ansteht, was getan oder gelassen werden möchte. Die Vergangenheit kann gewesen sein, wie sie war. Jetzt tut es mir weh, wenn ich jetzt faule Kompromisse schließe, wenn ich Dinge tue, die ich gar nicht tun will oder wenn ich meine Arbeit unter Wert verkaufe. Jetzt tue ich mir weh, wenn ich glaube, ich hätte damals etwas über Chemie oder Physik lernen müssen. Jetzt fühle ich Schmerz, wenn ich immer noch glaube, dass meine Ungeduld falsch ist und meine Eltern mir das vermittelt haben. Oder wenn ich glaube, sie hätten das besser machen müssen. Denn das impliziert auch, sie hätten es besser machen können. Und wenn ich das ernsthaft glaube, wächst der Schmerz gleich nochmal um Längen.

Und ist es denn wirklich wahr, dass meine Eltern sich nicht geliebt haben? Kann ich das wirklich sicher wissen?

Hui, hier bekomme ich Gänsehaut. Das habe ich wirklich mein Leben lang geglaubt. Damals blieb man zusammen

wegen der Kinder, des Leumunds, der Partei und aus Gewohnheit. Dachte ich. Wer weiß, welche Art Liebe sie verbunden hat, dreißig Jahre lang. Wer weiß, was ihnen ihr Zusammensein gegeben hat? Vielleicht haben sie ja beide auf perfekte Weise für sich gesorgt? Haben sich genau das gegeben, was sie brauchten?

Und kann ich mir selbst geben, was ich brauche? Oder dafür sorgen, dass ich es bekomme? Oder dafür sorgen, dass ich es nicht mehr brauche?

Ich kann mir heute sogar nachträglich geben, was mir als Kind gefehlt hat. Ich kann meine frühen Kindheitswunden heilen und bin dann nicht mehr abhängig davon, dass andere mir etwas geben. Vor siebzehn Jahren habe ich mich mit meinem inneren Kind beschäftigt und einige Reisen in meine Kindheit unternommen. Als erwachsene Ina habe ich der kleinen Ina das geschenkt, was sie vermisst hat. Das waren berührende, tiefgehende Reisen, an die ich mich jetzt noch gern erinnere. Wunden sind verheilt und schränken mich in meiner erwachsenen Realität nun nicht mehr ein. Ich habe meine Eltern aus der Verantwortung entlassen können und kann sie endlich so lieben, wie sie sind. Beides feine, liebenswerte Menschen, die für mich da sind, wann immer ich etwas von ihnen möchte.

Der Großstadtmönch und Coach Mirko Betz hat so eine Reise zur Heilung des inneren Kindes wunderschön zusammengefasst. Ich darf sie hier mit seiner Erlaubnis abdrucken. Er sagt darüber: »Ich habe selbst und mit all meinen Klienten die gleiche Erfahrung gemacht: Wir sind auf immer und ewig verbunden mit dem verwundeten inneren Kind, mit allen Jahrgängen unseres jüngeren Selbst. Und wir schenken diesem Kind wenig oder gar keine Aufmerksamkeit. Wir geben anderen die Schuld für die immer noch offenen Wunden und suchen Erlösung in der Ablenkung. Wir erliegen dem Kick des Verliebtseins, oder sind ständig auf der Suche nach dem perfekten Partner, Haus, Job, Urlaub, Ding. Wir jagen Erfolg, Bewunderung und Anerkennung hinterher, rennen zu Experten, arbeiten und trinken es weg oder nehmen Pillen… Und: All der Schmerz, die Angst, die Verletzungen, sind immer noch in unserem emotionalen Schmerzkörper gespeichert. Sie manifestieren sich manchmal in unserem Verstand und in unserem physischen Körper. Durch das Verdrängen verzögert sich der Heilungsprozess nur.

Wenn mein verletztes Kind mal wieder traurig ist, oder laut schreit, in Depression und Hoffnungslosigkeit verfällt und der alte Schmerz aufbricht, gönne ich mir die folgende Meditation.«

Ich finde einen stillen Ort, mache es mir gemütlich und nehme mir Zeit.

In dieser Meditation sitze ich mit den jüngeren Versionen von mir zusammen. Ich lade sie alle ein, einen nach dem anderen.

Ich halte mich selbst als Baby im Arm. Neugeboren.

Jetzt habe ich alle Zeit der Welt für dieses wunderschöne Baby. Ich fühle die Liebe für dieses Kind.

Ich gebe diesem Kind, diesem Säugling, Zuversicht, Geborgenheit, Mut, Unterstützung, Liebe, Zuneigung, Anerkennung, Zärtlichkeit.

Ich spüre. Ich spüre mich selbst.

Es ist kein Gedankenspiel. Keine Affirmation ist nötig. Keine abstrakte Kopfgymnastik.

Ich gehe direkt rein ins Gefühl! Fühlen. Ohne Erwartung. Ohne Druck und Zwang.

Dann, langsam, nähere ich mich mir als Dreijährigem. Er kommt zu mir, setzt sich auf meinen Schoss.

Ich schaue, was er möchte. Mal will er spielen, mal hat er eine Frage.

Oft erzählt er mir etwas.

Anstatt ihm etwas zu erzählen, frage ich: »Was brauchst du von mir?« Ich höre genau hin. Ich fühle seine Bedürfnisse in meinem Herzen.

Ich nehme mir Zeit, sein zartes Flüstern zu hören. Dann gebe ich ihm, was er braucht.

Ich spüre die Liebe, Geborgenheit und Zuneigung für dieses Kind: mich.

Und während ich gebe, empfange ich. Wir sind ja eins. Manchmal geht er dann von allein.

Danach kommen der Sieben- und der Vierzehnjährige neben mir aufs Kissen.

Ich nehme Augenkontakt mit ihnen auf. Ich lächle. Ich schicke ihnen Liebe. Liebe, die sie von meinem Vater damals nicht bekommen haben. (Ich mache ihm dafür keinen Vorwurf. Es ist nur eine Feststellung. Er konnte nicht geben, was er nicht hatte. Niemand kann das. Ich weiß: Es ist ja sowieso meine Angelegenheit.)

Ich gebe den Kindern, die ich mal war und immer noch bin, was sie brauchen.

Ich gebe Ihnen Zuversicht, Geborgenheit, Mut, Unterstützung, Liebe, Zuneigung, Anerkennung, Zärtlichkeit. Ich spüre sie. Ich spüre mich selbst. Ich fühle das Bedürfnis nach Nähe vom siebenjährigen Mirko, die Distanz und den Zweifel des vierzehnjährigen und die reine unschuldige Liebe des dreijährigen und des Babys. Ich bin ein Zeitreisender. Ich besuche mich selbst. Da bin ich. Jung. Unschuldig. Ängstlich. Unsicher. Fröhlich. Sanft. Verletzlich. Träumend. Verspielt. Heute sind alle Gefühle willkommen. Die alten Schmerzen, die ich jetzt noch mit mir herumtrage, verschwinden. Die alten Verhaltensmuster, aus denen ich heute noch reagiere. Es ist kein schneller Fix. Es ist ein Prozess.

Ich liebe diese jungen Versionen von mir. Alle. Sie sind so wundervoll. Ich spreche mit ihnen, höre hin, fühle sie, aus der jetzigen Zukunft.

Sie empfangen es. Ich empfange es. Liebe. Heilung. Hier. Jetzt.

Ich glaube: Die Lösung und Heilung ist immer und nur in mir. Mich selbst zu lieben ist meine größte Aufgabe in diesem Leben. Selbstliebe ist der ultimative Schlüssel zu einem wahren glücklichen Leben. Ohne Selbstliebe ist eine erfüllte glückliche Beziehung mit mir selbst und anderen Menschen völlig unmöglich.

Die Erfahrung, dass ich mir selbst geben kann, was ich brauche, hat mich zu echtem Selbstbewusstsein geführt. Das ist auch ein Grund, warum ich die Arbeit mit The Work so liebe. Natürlich kann ich Freunde um Rat fragen, mir in Büchern Anregungen holen oder Therapiestunden nehmen. Aber ich muss nicht. Ich kann mir meine Fragen stellen und die Antworten, die für mich stimmen, in mir selber finden. Alles, was ich brauche, ist in mir. Mache ich diese Erfahrung immer wieder, löst sich die Illusion auf, dass ich von anderen abhängig bin. Oder dass andere mir etwas geben müssen. Ich bin vollständig, so wie ich bin. Und Sie, liebe Leserin, lieber Leser, sind das auch. Ebenso wie alle Menschen, Lebewesen und Dinge auf diesem Planeten und das unergründliche Universum.

12 Vertrauen

Ich sollte nicht so misstrauisch sein

*I*ch bin hässlich, mittelmäßig und ich biete meinem Partner auch sonst nichts, was jemand anders ihm nicht besser bieten könnte.« So beschrieb sich Maria, als ich sie kennenlernte.

Das berührte mich, konnte ich doch unmittelbar spüren, wie es für mich wäre, so etwas über mich selbst zu glauben. Abgesehen von dem Schmerz, den solch eine Sicht auf die eigene Person auslöst – wie fühlt es sich an, in Liebesdingen in Termini wie »etwas bieten« zu denken?

Muss ich in der Liebe etwas bieten? Oder meinem Partner? Und wie geht es unserer Beziehung mit so einer Haltung? »Hast du mir heute schon genug gegeben? Oder stehe ich noch in deiner Schuld?«

Wenn ich mit so einer Einstellung an eine Beziehung herangehe, gibt es immer etwas, was ich tun muss. Ich darf mich nicht gehen lassen, muss aufmerksam sein. Und der Mensch den ich liebe, oder lieben möchte, auch.

Ich schrieb diesen Gedanken mit auf die Liste der stressvollen Glaubenssätze, die ich aus dem heraushörte, was Maria erzählte. Ich schrieb eine ganze Seite voll.

Sie bezeichnete ihre Beziehung als »feste Partnerschaft«, auch wenn ihr Partner hin und wieder zu anderen Frauen ging. Nach langem Ringen hatte sie sich entschieden, das zu akzeptieren, obgleich ihr eine monogame Beziehung sehr viel lieber gewesen wäre. Sie wünschte sich so sehr, ihn bedingungslos lieben zu können, fand sich selbst zu misstrauisch, wollte, dass er nicht lügt (was er aber hin und wieder tat), und glaubte, dass er sie nicht ernst nehme. Diese Gedanken taten weh. Und es gab noch mehr davon. Maria lebte in der Angst, er könnte sie verlassen und war überzeugt, dass ihr dann einiges fehlen würde: Zärtlichkeit, die gemeinsamen Gespräche und auch das Aneinander-gekuschelt-Einschlafen. Sie dachte: Wenn er lügt, bedeutet das, dass ich ihm nicht wertvoll genug bin. Und: Er liebt mich nicht genug, um mir treu sein zu können. Schmerz, Schmerz, Schmerz.

Es ist nicht so, dass ich solche Gedanken nicht kennen würde. All das habe ich in meinem Leben auch irgendwann mal gedacht und geglaubt. Und wenn ich traurigen Gedanken glaube, werde ich traurig. So ist das von Mutter Natur oder Gott oder von wer-weiß-wem eingerichtet. Aber, und das ist die gute Nachricht: Es sind nur Gedanken. Und nicht alles, was ich glaube, ist auch wahr.

Der Gedanke, der Maria am meisten plagte, war:

Ich sollte nicht so misstrauisch sein.

Es erfüllte sie mit Unbehagen, eine Frau zu sein, die herumschnüffelt, in Zweifel zieht, ihren Partner manipulieren möchte und deren Gedanken sich nur noch um ihn drehen. Zum Beispiel am letzten Sonntag:

Sie ist bei ihm zu Hause, und sie überlegen, wo sie sich das

Deutschlandspiel der EM anschauen. Bei der Gelegenheit erzählt er ihr, in welchem Lokal er in der letzten Woche ein Spiel gesehen hat. Sie spürt Zweifel, erst leise, dann laut. Sie beobachtet ihn, fällt aus ihrem Wohlgefühl heraus. Sie spürt, sie glaubt ihm kein Wort. Da ist ein Schmerz.

Schmerz möchten wir meist schnell loswerden. Etwas in Maria entscheidet sich für folgende Art, sich des Schmerzes zu entledigen: Sie will überprüfen, ob das stimmt, was er ihr erzählt. Wie schön, wenn es wahr wäre, sie ihm vertrauen könnte. Der Schmerz treibt sie zu sagen: »Ach, dann lass uns das heutige Spiel doch auch dort anschauen.« Sie möchte herausfinden, sicher sein, ob er wirklich dort war. Oder ob er wieder gelogen hat. Keine Ahnung, wie sie das dort herausfinden will. Auf jeden Fall möchte sie Sicherheit. Und gleichzeitig will sie sich nicht als misstrauischen Menschen outen. Dieses Misstrauen ist ihr selbst nicht nur unangenehm, sondern sie lehnt es ab, will es nicht haben. Ach, was würde sie darum geben, neutral reagieren zu können. Oder am besten – neutral zu *sein*. Das würde alle Probleme aus der Welt schaffen. Sie wäre gern ohne ihre Gefühle und ist es nicht.

Sie steht vor ihm, schaut ihn an und lauert auf ein verräterisches Zeichen. Sie ist verspannt, spürt Druck, ist enttäuscht von sich selbst. Warum reagiert sie nur immer so? Warum kann sie verdammt nochmal nicht ihrer Idealvorstellung entsprechen? Es wäre doch so gut. Sie verachtet sich, das Blut pocht in ihrem Kopf. Sie weiß, irgendetwas ist hier falsch. Nur was?

Ich, Ina, bin so aufgewachsen, dass ich lange Zeit geglaubt habe, ich müsste im Außen etwas verändern, wenn ich etwas Schmerzliches spüre oder unzufrieden bin. Mich, die anderen oder die Umstände.

Und ja, das kann man machen. Wenn es geht. Ich bin ein großer Freund davon, Dinge zu klären, anzusprechen, klarzustellen, reinen Tisch zu machen. Wenn mir das möglich ist und wenn mein Herz dafür offen ist. Allerdings wurde der Tisch niemals wirklich rein, wenn ich diese Klärung erzwingen wollte, während mein Verstand auf Abwehr oder von Misstrauen zerlöchert war. Wenn ich den anderen anders haben wollte und mich gleich dazu. Gespräche, die unter einem misstrauenden Stern standen, in denen keiner seine

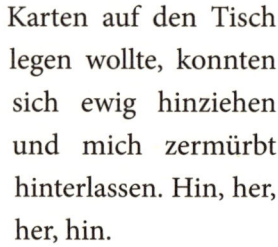

Karten auf den Tisch legen wollte, konnten sich ewig hinziehen und mich zermürbt hinterlassen. Hin, her, her, hin.

Könnte es sein, dass Misstrauen gar nicht das Problem ist?

Wer wäre Maria an besagtem Sonntag, wenn sie nicht glauben würde, dass sie das Gefühl nicht haben sollte, das sie hat? Sie kann ihr Misstrauen ja erst ablehnen, wenn sie es bemerkt. Wenn sie es ablehnt, ist es also längst da.

»Wer wärest du ohne den Gedanken, dass du nicht misstrauisch sein solltest?«

»Hm«, sagt Maria, »das würde ja heißen, dass es o. k. ist, misstrauisch zu sein.«

»Und wie wäre das, in diesem Moment, wo du ja auch misstrauisch bist?«

Maria blinzelt mich an. Es scheint so unumstößlich zu sein. Ein starkes Konzept, das sich über viele Jahre in ihr eingebrannt hat. Misstrauisch sein kann doch nicht o. k. sein.

»Nur mal theoretisch – wie wäre es denn, wenn du fühlst, dass du misstrauisch bist, und es kommen keinerlei Gedanken vorbei, die dir sagen, dass du das nicht sein solltest?«

»Jaaa, wenn... also dann...« Maria lacht. »Komplett ohne diese Gedanken wäre das natürlich prima. Hach...« Sie atmet aus und lehnt sich zurück. »Ich wäre freier. Ich müsste nicht so rumtricksen. Da wäre viel weniger Druck. Aus diesem freien Gefühl würde ich ihn einfach fragen, ob es stimmt. Gerade heraus. Vielleicht könnte ich ihm meine Gefühle auch zeigen. Dann müssten die nicht mehr weg, nicht mehr unter Verschluss.«

»Und wie wäre das, wenn deine Gefühle nicht mehr wegmüssten?«

»Oh.« Maria macht eine Pause. »Du meine Güte, das wäre schön. Ein ganz anderes Leben. Ich könnte ehrlich sein. Jetzt gerade glaube ich, dass ich ihn überhaupt nur kennenlernen kann, wenn ich mich nicht immer zurückhalte. Wie soll er denn wissen, wer ich bin?«

Maria atmet tiefer. »Das ist ja verrückt. Ich dachte immer, *er* nimmt mich nicht so, wie ich bin. Aber nun sehe ich, ich bin es selbst. Ich nehme mich nicht so, wie ich bin. Ich versuche dauernd mich für ihn passend zu machen. Das ist der eigentliche Schmerz. Das ist das, was weh tut.«

»Und wie wäre es«, frage ich nach einer Weile, »alle Gefühle haben zu dürfen, die du sowieso gerade hast?«

»Ja, cool.« Maria lacht. »Einfach. Es wäre so einfach. Einfach so leben. Ohne die ständige Kontrolle. Toll.«

»Könnte es also sein, dass du misstrauisch sein solltest, an diesem Sonntag?«

Dies ist das Gegenteil von dem, was Maria anfangs glaubte. Der Gedanke: »Ich sollte nicht misstrauisch sein« hatte ihr einigen Stress bereitet.

Das Gegenteil von einem stressigen Gedanken ist meist liebevoller, freier, leichter und unabhängiger.

»Wieso solltest du misstrauisch sein, in deiner Situation am letzten Sonntag? Kannst du dafür ein Beispiel finden?«

Kann ich ein echtes, authentisches Beispiel für das freundlichere Gegenteil finden, wird mir das beweisen, dass dieses freundlichere Gegenteil auch wahr ist. Je mehr Beispiele ich finde, um so wahrer erscheint mir diese freundliche Sichtweise. Dieses Gegenteil war natürlich auch vorher schon wahr, ich habe das bloß nicht sehen können, da ich meine Aufmerksamkeit ganz auf die stressige Sichtweise fokussiert habe. Solange ich die glaubte, hat mein Verstand automatisch den ganzen Tag Beispiele dafür gefunden. Mein Verstand sorgt dafür, dass ich im Recht bin. Wie nett von ihm.

Marias erstes Beispiel ist: »Wenn ich in dem Moment misstrauisch bin, ist es ja Wahnsinn, es nicht sein zu wollen. Ich bin es ja schon längst. Ich hatte diesen Wunsch so oft, aber ich erkenne jetzt, wie absurd er ist. Ich habe ständig gegen das, was ist, gekämpft. Das muss ja stressig sein. Aussichtslos. Außerdem« – und das ist ihr zweites Beispiel – »bin ich viel weniger verkrampft, wenn ich mir gestatte, das zu fühlen, was ich fühle. Und für meinen Freund ist es auch gut«, sprudelt sie das dritte Beispiel heraus, »denn er sieht dann, was wirklich in mir vorgeht und kann darauf reagieren. Das ist viel besser. Ich bin ehrlich mit mir und ihm, und das fühlt sich einfach richtiger an. Auf welchen Boden sollten wir unsere Beziehung sonst gründen?«

Für mich selbst ist es so: Ich mute mich ihm zu, zeige mich unverstellt, und er mutet sich mir zu. Und dann passt es vielleicht oder eben nicht. Sollte es dann passen – fein, dann sind wir glücklich. Wirklich, ehrlich, und mit dem, was wir aufrichtig sind. Passt es nicht, müssen wir uns nicht böse sein. Wir haben es versucht, haben den anderen nicht hinters Licht geführt, oder probiert, ihn auszutricksen, um etwas Bestimmtes zu bekommen. Was wir zu geben haben, passt halt nicht so gut zusammen. Vielleicht passt es ja auf einem anderen Feld unseres Lebens. Und wenn es da auch nicht passt: Ich war aufrichtig zu mir, habe mich nicht verlassen, umgangen, verdreht oder beschummelt. Ich habe mich nicht verletzt.

Und falls ich gern einen Partner hätte, hätte ich doch lieber einen, der passt und an dem ich mich nicht so abmühen muss. Oder, wie sehen Sie das?

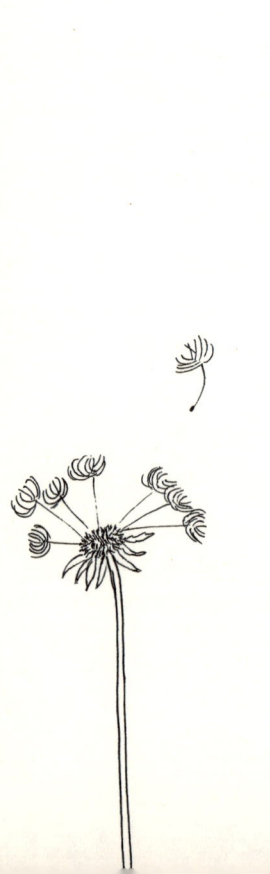

13 Scham

Wenn ich es nicht so mache wie die anderen, bin ich kompliziert

*I*ch war elf oder zwölf Jahre alt und mit anderen Kindern im Ferienlager. Es war Sommer, die Sonne schien, richtiges Badewetter. Unsere Gruppe machte sich auf zum nächsten See. Wir liefen durch Felder, sangen, erzählten Geschichten und waren gut durchgeschwitzt, als wir am See ankamen. Die anderen ließen ihre Kleider fallen, schlüpften in ihre Bade-sachen und sprangen ins Wasser. Ich nicht. Ich stand irri-tiert an dem Fleck, wo die anderen ihre Sachen hingeworfen hatten. Ich konnte mich nicht einfach so ausziehen. Nun, da alle schon im Wasser waren, erst recht nicht. »Hey, komm rein!«, rief jemand zu mir herüber. »Los!« Ich stand dort wie gelähmt und konnte nicht. Alle riefen etwas, was mich er-mutigen sollte, auch ins Wasser zu kommen. Bis eine Pause entstand, in der sich alle Augen auf mich richteten. Ein Mäd-chen rief:

»Oooohhh, sie schämt sich!«

Einige lachten, andere hatten Vorschläge wie: »Wickle dir doch ein Handtuch um.« Ein Junge sagte: »Wir gucken auch nicht hin.«

All das nützte nichts. Es war, als wäre ich entlarvt worden, in der Tiefe entdeckt und aufgeflogen. Mein Körper war fest, es tat weh, und ich verstand es nicht. Ich konnte nichts mehr tun. Während die anderen im Wasser plantschten, saß ich die ganze Zeit am Ufer und wurde von ihnen belächelt.

Von da an betete ich für schlechtes Wetter. Meinetwegen hätte es die restlichen Wochen durchregnen können. Aber nein, der Himmel blieb strahlend blau, und wir gingen fast jeden Tag zum See. Ich lief nicht mehr fröhlich durch die Felder, sang nicht mehr mit, wollte nichts erzählen und auch nichts hören.

»Was? Das war alles?« Werden Sie jetzt vielleicht fragen. Aber mein Schamgefühl hatte mich tief erschüttert, meinen Körper durchdrungen und sich festgesetzt. Und es ging ewig nicht weg.

Der Anlass für Scham kann von außen unscheinbar aussehen, ja, für andere überhaupt nicht mit bloßem Auge erkennbar sein – aber innerlich ist es die Hölle. Wie für mich damals. Ich bat meine Eltern, nicht mehr ins Ferienlager fahren zu müssen. Sie, die nicht acht Wochen Ferien hatten wie wir Schüler, hatten aber keine Wahl. Außerdem traute ich mich nicht, ihnen das Ausmaß meines Unwohlseins zu schildern, denn ich schämte mich ja so. Mein Verstand sagte: wegen nichts.

Im nächsten Jahr hatte ich im Ferienlager dann häufig Kopfschmerzen. Und ich hatte die wirklich. Ich war unpässlich und musste nichts mehr. Einige Erzieher waren dieselben wie im letzten Jahr und erinnerten sich. Vor denen schämte ich mich wieder. Sicherlich dachten sie, ich würde simulieren. Ein paar Jahre vergingen, ich brauchte nicht mehr ins Ferienlager zu fahren, und die Sache schien erledigt.

An den Entwicklungsschritten meiner Tochter konnte ich später erkennen: Es scheint Phasen zu geben, in denen Heranwachsende überhaupt nicht schamhaft sind, und dann gibt es wieder Zeiten, da sind sie sehr empfindlich. Wenn ich mich und meinen Körper gerade nicht zeigen möchte und dieses Gefühl übergehe, indem ich denke: »Hab dich doch nicht so«, oder »Das ist völlig unnötig« oder wenn mich nur nebulös der Gedanke streift: »Ich sollte mich nicht schämen, ich sollte es einfach so machen können, wie die anderen«, dann glaube ich Gedanken, die sich gegen das stellen, was gerade ist. Was in mir fühlbar eigentlich stimmt, wäre ich in Gedanken nicht dagegen. Schlimm war für mich damals nicht die Scham, nicht der Fakt, dass ich mich nicht vor den anderen entkleiden wollte. Schlimm war, dass ich dieses Bedürfnis nicht in Ordnung fand. Dass ich dachte, es müsse anders sein. Ich müsse anders sein. Ich müsse sein, wie die anderen.

Der Schmerz kam nicht nur aus der Ablehnung meines vorhandenen Bedürfnisses, sondern auch aus der Aussichtslosigkeit des Unterfangens. Ich konnte in dem Moment nicht anders sein. Das war nicht möglich. Niemand kann von jetzt auf gleich anders sein, als er ist. Wenn ich das möchte, ist mir Leid garantiert.

Was passiert, wenn ich mir nicht erlaube, das zu fühlen, was ich fühle?

173

In meinem Ferienlagerbeispiel am See war ich erstarrt. Ich glaubte, ich hätte es so machen sollen wie die übrigen Kinder, und diese Chance hatte ich nach ein paar Minuten verpasst. Die anderen waren bereits im Wasser und hatten längst bemerkt, dass ich mich schämte. Ich konnte es überhaupt nicht mehr so machen wie sie. Schachmatt. Aus der Erstarrung heraus war es mir auch nicht mehr möglich, anders zu denken. Heute könnte ich sehen, dass die Umkehrung des Gedankens viel wahrer ist.

Ich sollte nichts so machen können wie die anderen.

Hätte ich das damals schon sehen können, wäre ich frei gewesen, andere Lösungen zu finden. Etwa kurz im Wald zu verschwinden, um dort in meinen Badeanzug zu schlüpfen und dann auch ins Wasser zu springen. Hätte ich mich für mein Bedürfnis nicht verurteilt, hätte ich es damals o. k. gefunden, dass ich mich nicht entkleiden möchte, wäre alles nicht so schlimm gewesen. Ich hätte den anderen vielleicht zuwinken können, hätte zu ihnen herübergerufen, dass ich gleich nachkomme, hätte ein passendes Plätzchen zum Umziehen gefunden und wäre dann zu ihnen ins Wasser gehüpft. Hätte mich jemand gefragt, ob ich mich etwa geniere, mich vor den anderen umzuziehen, hätte ich wahrheitsgemäß »Ja« sagen können. »So ist es.« Dann liebe ich vielleicht noch nicht, was ist, aber ich nehme es, wie es ist. Das ist der Ort, an dem der Frieden wohnt.

In meinen siebzehn Jahren mit The Work sind mir viele Menschen begegnet, die schon als Kinder gelernt haben, dass man seine Gefühle nicht zeigt. Gerade vor ein paar Tagen im Zug hörte ich einen Vater zu seinem Kind sagen: »Hör auf zu heulen, du hast gar keinen Grund.« Ich habe als Kind bei solchen Sätzen gehört: Dein Gefühl ist falsch. Du solltest das nicht fühlen. Du hast gar keinen Grund.

Bei all diesen Menschen ist etwas Ähnliches passiert. Sie kennen sich einfach nicht mehr mit sich aus. Sie können ihre Gefühle nicht mehr auf der direkten Gefühlsebene verstehen und müssen immer erst darüber nachdenken. Ihnen fehlt das Vertrauen. Das Vertrauen, das bei anderen Menschen einfach so da ist, für das sie nichts extra tun oder sein müssen.

Wenn ich kein Vertrauen habe, glaube ich, dass ich mich auf meine Gefühle nicht verlassen kann und diskutiere sie weg. Argumente werden gefunden, der Kritiker wächst und bläht sich auf. So folge ich nicht mir, nicht meiner ureigenen Stimme, nicht dem, was wirklich für mich wahr ist, sondern einem Konstrukt von mir.

Diese Menschen haben mir oft auch zu erklären versucht, was für ein Mensch sie sind. »Ich bin ja kein Spielverderber. Ich mache alles mit. Aber das geht wirklich zu weit ...« oder: »Ich bin ein friedlicher Mensch. Ich kann keiner Fliege etwas zuleide tun ...« oder: »Wenn xy passiert, dann bin ich immer soundso.«

Sie haben das Bedürfnis, eine bestimmte Art von Mensch zu sein, in ein erklärbares Model hineinzupassen. Schmerz, Angst oder Verwirrung stellen sich dann ein, wenn etwas passiert, was nicht ihrem Selbstbild entspricht. Oder wenn ihr Gesprächspartner wissend grinst, wenn sie behaupten, sie seien dies und das, jenes aber nicht.

Viele Jahre später war ich bei Dreharbeiten für eine Serie stark eingespannt. Eines Morgens kam ich ans Set und erfuhr, dass ich in der Bettszene, die heute gedreht wurde, splitterfasernackt sein sollte. Ich erschrak. Das stand so nicht im Drehbuch, und niemand hatte das vorher mit mir besprochen. Während der Regisseur mir erklärte, was für ein schönes, dezentes Licht er veranlasst habe, sah ich, wie der Produzent der Serie am Set auftauchte, was er nur in besonderen Fällen tat. Ich spürte, wie mein Gefühl auf der Kippe stand. Einerseits vermutete ich, dass die Produktionsriege mich hatte überrumpeln wollen, und ich verspürte keine Lust, mich überrumpeln zu lassen. Ich hätte gern meine Agentur angerufen, um zu überprüfen, was im Vertrag bezüglich Nacktaufnahmen vereinbart war. Andererseits würde ich, gab ich meinem gefühlten Widerstand nach, die Szene nachher gar nicht mehr spielen können. Ich würde den Ablauf des Tages verkomplizieren. Ich würde mir mit meiner Verzögerung den Ärger des ganzen Teams einhandeln, das es sowieso schon nicht schaffte, seine Überstunden abzubummeln. Ich sah das Licht, welches der Regisseur hatte einleuchten lassen, und es war tatsächlich ein warmes, weiches, fast zärtliches Licht. Er versprach, man würde »nichts sehen«, das wäre ja im öffentlich-rechtlichen Fernsehen (die Geschichte ist zwanzig Jahre her) sowieso nicht erlaubt. Und so überging ich meine Scham und zog mich aus. Wohl war mir dabei nicht, ich hatte mich übergangen.

Seitdem habe immer wieder daran gearbeitet, mich locker zu machen, wenn es ums Nacktsein ging. Es war angenehm, als unkompliziert zu gelten, denn Kompliziertsein war nicht beliebt. Besonders am Filmset nicht, wo jede Stunde richtig viel Geld kostet. Ich habe öfter erlebt, dass Kolleginnen als Zicken verschrien wurden, weil sie bestimmte Bedingungen brauchten, um gute Arbeit zu leisten. Um sich zu öffnen, sich zu zeigen und hochemotionale Szenen zu spielen. Und wer hat schon Lust, in seinem Team als Zicke zu gelten?

Als ich vor siebzehn Jahren The Work von Byron Katie kennenlernte und verstand, wie ich meine Glaubenssätze finden und überprüfen kann, wurde mir klar, dass ich einen hohen Preis gezahlt hatte. Ich wollte gemocht werden und glaubte, dafür unkompliziert sein zu müssen. Für die Zuwendung von anderen hatte ich es aufgeben, ehrlich in mich hineinzuspüren und mich so zu nehmen, wie ich bin. Ständig habe ich an mir herumgebastelt. Ich habe meine Scham beiseitegefegt und alles andere auch, was mich wie einen kapriziösen Menschen hätte aussehen lassen können. Verrückt daran ist: Dadurch habe ich nicht mehr Zuneigung bekommen. Nachdem ich das erkannt hatte, war der Spuk aber nicht gleich vorbei. Ich hatte meine lange eingeübten Denk- und Handlungsmuster, die sich, meist überraschend, immer mal wieder bemerkbar machten, bevor sie sich endgültig verabschieden konnten.

Ein paarmal noch musste ich schmerzhaft erfahren, wie es ist, wenn ich nicht auf meine Impulse höre, sondern glaube, nicht kompliziert sein zu dürfen. Oder es so machen zu müssen wie die anderen. Im Unterschied zu früher erlaubte ich mir jetzt, den Schmerz, der dadurch entstand, gründlich zu fühlen. Wenn ich bemerken kann, wie weh es tut, nicht für mich da zu sein, wächst die Erkenntnis, wie wichtig das für mich ist. Die Bereitschaft, das alte Muster abzulegen und es gegen ein stimmigeres einzutauschen, wird dann von ganz alleine größer.

Das entscheidende Erlebnis hatte ich vor ungefähr zehn Jahren auf einem mehrtägigen Seminar zum Thema »Erkenne dich selbst«. Dieses Erlebnis habe ich noch gebraucht, um mich endgültig von meinem alten Denkmuster verabschieden zu können. Das Seminar war in verschiedene Lebensbereiche aufgeteilt, es ging um Geld, Liebe, den Körper und an einem Nachmittag auch um Sex. Wenn ich mich recht erinnere, hatten wir Teilnehmer die Aufgabe, eine schmerzliche Geschichte zum Thema Sex aufzuschreiben. Im Anschluss fragte der Seminarleiter, wer seine Geschichte vor der Gruppe vorlesen wolle. Eintausendprozentig war mir klar: ich nicht. Eine Teilnehmerin las vor, dann noch eine, dann trat wieder Stille ein. Der Seminarleiter fragte wieder und wartete. Ein Teilnehmer ging vor die Gruppe und las eine schmerzliche Geschichte vor, die er mit Sex erlebt hatte. So ging es, bis alle vor der Gruppe vorgelesen hatten und wieder Stille eintrat. Erneut fragte der Seminarleiter, wer noch vorlesen wolle, obgleich nur noch ich übrig geblieben war. Wir saßen so lange in Stille, bis es mir absurd vorkam. Nein, niemand schaute mich an. Ich wurde auch nicht aufgefordert. Dennoch spürte ich einen Druck in mir, der mich fast platzen ließ. Um nicht zu bersten, stand ich auf, zuckte mit den Schultern und sagte: »O.k., na gut, dann lese ich eben auch noch vor.«

Ich setzte mich vor die Gruppe, sah diese Menschen an, die

mir nicht mehr fremd waren, und sah auf mein Blatt. Immer noch konnte ich mir beim besten Willen nicht vorstellen, wie ich meine Geschichte vor allen vorlesen sollte. Ich würgte ein Wort nach dem anderen hervor, spürte den Widerstand und las dennoch weiter. Ich wollte nichts wie weg. Weg von dem Stuhl, weg von der Gruppe, raus aus dieser Situation. Aufgrund meiner Anspannung entfuhren mir einige Stöhner und Ächzer, und als die Worte auf meinem Blatt endlich zu Ende gelesen waren, saß ich stocksteif da. Ich wollte mich erheben, mich erlösen und wurde gefragt, wie ich mich jetzt fühle. Die Mehrheit der anderen Teilnehmer hatte auf diese Frage geantwortet, dass es erlösend oder angenehm gewesen sei, die Geschichte mit der Gruppe zu teilen. Ich konnte nicht mehr. Tränen fingen wie Sturzbäche zu laufen an, und das Letzte, was ich noch sagen konnte, war: »Schrecklich.« Den Rest des Tages war ich nicht mehr zu gebrauchen. Es fühlte sich so an wie damals im Ferienlager. Ich war verletzt, weinte mehrere Stunden und verstand, dass ICH es selbst war, die sich verletzt hatte. Ich hatte mich geschämt, so furchtbar geschämt. Und nicht für mich gesorgt. Ein letztes Mal war ich dem alten Muster gefolgt, dem Gedanken:

Wenn ich es nicht so mache wie die anderen, bin ich kompliziert.

Nach diesem Erlebnis konnte ich das einfach nicht mehr glauben. Die Frage, *ob dieser Gedanke wahr ist*, konnte ich nur noch mit Nein beantworten. Wenn etwas so viel Schmerz freisetzt, kann es für mich nicht die Wahrheit sein.

Vielleicht, so war meine Überlegung, hatte es Konsequenzen, wenn ich mir erlaubte, kompliziert zu sein. Allerdings war ich nun bereit, diese zu tragen, und auch ein wenig neugierig, ob und wie diese wirklich auftauchen würden.

Wie ich reagiere, wenn ich diesen Gedanken glaube, habe ich in aller Deutlichkeit gespürt. Weitere stressige Glaubenssätze tauchen auf, die mit den Erlebnissen der Vergangenheit verbunden sind: Wenn ich nicht vorlese, empfindet die Gruppe mich als komisch, verklemmt oder als Außenseiter. Dann bin ich wieder die Zicke.

Und wer wäre ich in meiner Situation gewesen, wenn der Gedanke nicht aufgetaucht wäre?

Ich hätte das, was ich fühle, gar nicht als etwas Kompliziertes eingestuft. Es ist einfach, was es ist. Ich möchte nicht vorlesen. Mehr nicht. Der Seminarleiter wartet, ob noch jemand vorlesen möchte, und ich warte, bis es weitergeht.

Wenn ich es nicht so mache wie die anderen, bin ich *nicht* kompliziert.

Diese Umkehrung besitzt für mich viel mehr Wahrheitsgehalt. Denn erstens bin ich ja gar nicht kompliziert. Das ist lediglich ein Gedanke. Ein Gedanke, den ich schon lange geglaubt habe und der mir deshalb so vorkam, als sei das nun mal so.

Zweitens ist das die Entscheidung der anderen Menschen, ob ich kompliziert bin. Diese Bewertung wird in den Köpfen der Betrachter gefällt. Und dort kann ich sie auch lassen.

Und drittens kann ich es gar nicht so machen wie die anderen. Ich kann ja nicht in sie hineinschauen, weiß also gar nicht, was alles in ihnen vorgegangen ist und vorgeht.

Und ich lache schon, während mir die nächste Umkehrung in den Kopf kommt:

Wenn ich es so mache wie die anderen, bin ich kompliziert.

Da ich gleich lachen muss, ist da sicher auch was dran. Warum könnte diese Umkehrung auch wahr sein? Inwiefern könnte ich kompliziert sein, wenn ich es so mache, wie die anderen?

Wenn ich mich darauf ausrichte, alles so zu machen, wie die anderen es machen, dann bin ich selber nicht richtig vorhanden. Ich bin nicht sichtbar, kein richtiges Gegenüber. Das kann für andere durchaus kompliziert sein. In jedem Fall wird es kompliziert für mich, wenn ich es so mache wie die anderen. Denn »die anderen« waren im Falle des Seminars zwölf andere Menschen.

Außerdem muss ich mich dann immer informieren, wie andere ihr Leben leben, um es ihnen nachzutun. Und wen picke ich mir heraus? Also für mich klingt das kompliziert, abgesehen davon, dass es sowieso unmöglich ist, es so zu machen, wie andere es machen. Denn es ist ja nur das, was *ich denke*, wie die anderen es machen. Na? Schön kompliziert, oder?

Seit diesem Seminar ist es auf allen Ebenen meines Seins angekommen: Ich möchte mir mein bester Freund sein, ich möchte auf mich hören, und wenn das der Preis sein sollte, dann bin ich halt für andere die Zicke. Ich muss noch nicht einmal verstehen, warum ich das nicht vorlesen möchte, es reicht, es zu fühlen.

Immer wieder geschieht es, dass ich nicht erklären kann,

warum ich dies oder das fühle. In den letzten beiden Wochen zum Beispiel hatte ich ein starkes Bedürfnis, mit mir alleine zu sein. Ich bemerke das und stelle mich nicht dagegen. Mein Leben muss nicht immer gleich ablaufen. Dinge dürfen sich ändern. Ich sage Verabredungen ab und sage keine neuen zu. Ich gebe mir so viel Zeit mit mir selbst wie möglich und spüre, ob das schon reicht.

In den Jahren, die seit dieser wichtigen Erkenntnis auf dem Seminar vergangen sind, habe ich einen Kontakt zu mir selbst entwickelt, den ich früher nicht kannte. Einen Kontakt, der sich mit jeder Zelle und darüber hinaus rund und richtig anfühlt. Diesen liebenden Kontakt mit mir verlasse ich nicht mehr. Und wenn ich mal Gefahr laufe, wieder in die alten Muster abzurutschen, bemerke ich die Anzeichen sehr schnell. Ich bin mir selbst die wichtigste Person. Ich verlange nicht mehr von mir, unkompliziert zu sein. Und ich nenne das, was ich bin, nicht mehr »kompliziert«. Es ist einfach das, was es ist. Es sind genug Freunde übrig geblieben, die genau das lieben und die ich genauso liebe, wie sie sind. Befinde ich mich in diesem Kontakt mit mir, kann ich deutlich spüren, ob ein Mensch oder eine Sache oder ein Vorgang die Kraft hat, diesen Kontakt zu unterbrechen. Das schaue ich mir dann ganz genau an, bevor ich mich entscheide, ob ich das möchte.

Damals im Ferienlager hatte ich diesen fürsorglichen Kontakt zu mir selbst noch nicht. Ich hatte noch nicht gelernt, wie ich bei mir bleiben kann, für mich selbst da sein kann, mich selbst o. k. finden kann – auch wenn die anderen das nicht tun. Ja, ich wusste damals noch nicht einmal, dass das überhaupt möglich ist. Damals war mein Wohlgefühl mit mir immer von

anderen abhängig. Davon, ob sie mich o.k. finden und o.k.
finden, was ich tue, wie ich reagiere und fühle. Heute weiß
ich: wenn ich das glaube, und dem folge, komme ich nicht zur
Ruhe, nicht zu mir, und die Scham wartet immer gleich um
die nächste Ecke.

1-3 x tägl.

- innehalten
- ~~Frage~~: Was würde mir
            jetzt gut tun?
- Gib dir das!

14 Chaos

Das ist nicht das Leben,
das ich wollte

*W*ährend ich das hier schreibe, bin ich siebenundvierzig. Seit einigen Monaten habe ich Kopfschmerzen, Gliederschmerzen, schlafe schlecht und bin tagsüber zerschlagen. Ich vergesse viel, und manche Tage bestehen nur daraus, mich locker zu machen. Hitzewallungen habe ich keine, dennoch vermute ich, dass die heranrollende Menopause dahintersteckt. Ob das stimmt, weiß ich nicht, vielleicht ist es ja auch irgendeine andere Phase, für die ich noch keinen Namen habe. Meine Blutwerte sind tipptopp, und auch sonst können die Ärzte nichts zu finden. Was immer es ist, es ist ungewöhnlich für mich. Ich kenne solche Zustände nicht über längere Zeiträume.

Nachmittags sitzt mir eine Klientin gegenüber, die ich schon länger begleite. Sie ist verzweifelt, weint, flucht und wünscht sich eine Lösung für so manches. Ihr Leben läuft seit einer Weile nicht so, wie sie es möchte. Beruflich hat sie einiges zu bieten, aber im Außen blockiert ständig irgendwas und irgendwer. Gelder fließen nicht, Zahlungen werden hinausgezögert. Eigentlich hat sie Geld, aber eben nur eigentlich.

In Wirklichkeit ist sie verschuldet. Und wenn sie nach Hause kommt, ist da niemand, der für sie da ist. Kein Mann, der sie in den Arm nimmt und ihr eine Suppe kocht.

Sie schaut mich an und sagt:»Das ist doch Mist, das ist nicht mein Leben, so will ich das nicht.« Ich schaue zurück, nicke und deute an, wie mein Leben gerade ist. Sie staunt. Wir lachen. Unterbewusst hatte sie geglaubt, sie wäre die Einzige, bei der das Leben anders läuft als gewünscht. Als würden alle anderen Menschen ihr Ziel bestimmen können, geradewegs daraufzugehen und dann auch genau dort ankommen.

Ich lege noch eine Kohle aufs Feuer und erzähle von der Flüchtlingsfrau, um die ich mich hier in Berlin kümmere. Sie kommt aus Kamerun, einem Land, in dem Boko Haram wütet, einem Land, in dem Hexerei noch verfolgt wird, und, wie ihr deutscher Anwalt sagt,»schlimme, chaotische, aussichtslose Zustände herrschen«. Sie ist nach Deutschland gekommen, weil sie als Einzige in der Familie die Kraft hat, etwas zu bewegen. Ihre zwei Kinder konnte sie nicht mitnehmen und kann sie nun auch nicht nachholen, weil ihr Asylantrag abgelehnt worden ist. Offiziell bekommt sie einhundertvierzig Euro im Monat und kann nicht vor und nicht zurück. Hat sie sich das ausgesucht? Ist das das Leben, das sie sich gewünscht hat? Wollte sie das so?

Natürlich haben wir alle Wünsche, natürlich können wir uns auf irgendeine Weise aufmachen, um an unerfreulichen, schmerzhaften Zuständen etwas zu ändern. Und oft finden sich auch Lösungen, wenn wir losgehen und sie suchen. Für mich eine Behandlung, die wirkt; für meine Klientin einen finanzstarken Investor und meine Flüchtlingsfrau bräuchte ein Wunder.

Dennoch, in dem Moment, wo diese Lösungen noch nicht aufgetaucht sind, kann uns der Mut verlassen. Wir verzweifeln und kommen in einen Zustand, aus dem heraus sich die Lösungen immer schlechter finden lassen. Wie geht es mir, wenn ich glaube:

Das ist nicht das Leben, das ich wollte.

Ich kann bemerken, dass meine Gedanken schwermütig in die Zukunft wandern. Weitere Gedanken tauchen auf:

Das muss ich nun ein paar Jahre ertragen.

Damit muss ich mich jetzt beschäftigen.

Dieser Zustand muss so schnell wie möglich aufhören.

Ich muss zurückstecken.

Damit kann ich nicht vernünftig arbeiten.

Ich werde anderen eine Last sein.

Würde ich diesen Gedanken einfach so glauben, wäre der Tag gelaufen. Mit dieser erdrückenden Zukunftsaussicht würden dunkle Wolken über mich hinweg- und durch mich hindurchziehen. Sie würden mich frieren lassen, mich einsam zurücklassen, und Traurigkeit wäre gesät.

Wenn ich glaube, dass dies hier nicht mein Leben ist, nicht das Leben, das ich wollte, dann will ich es nicht haben. Ich lehne es ab. Ich finde Bezeichnungen dafür, die dieses Leben wegstoßen und die mein unangenehmes Gefühl verstärken. »Blöd«, »nervig«, »belastend«, »hinderlich«. Meine Klientin sagte: »ungerecht«. Die Flüchtlingsfrau schüttelt dann immer den Kopf und weint.

Wie fühlt es sich an, das Leben, wie es gerade ist, abzulehnen? Zu sagen: Das ist nicht meins? Ist es nur meins, wenn es so läuft, wie ich es mir wünsche? Habe ich es denn auch bezeichnet, als alles schön war und gut lief? Bin ich morgens aufgewacht und habe mich gefreut, keine Kopfschmerzen zu haben? Habe ich mir gesagt: »Oh, was für ein schöner Morgen, so gänzlich ohne Schmerzen! Was bin ich für ein Glückspilz! Das ist genau das Leben, was ich wollte! Hurra!«?

Noch dazu verspannt sich mein Körper, wenn ich etwas ablehne, was aber da ist. Die Schultern werden fester als sonst, der Atem fließt nicht frei, und irgendwie halte ich an verschiedenen Ecken fest. Mit so einer Anspannung tue ich meinem Körper nichts Gutes, trage nicht zu seiner Heilung bei. Das kann ich deutlich spüren.

Wer wäre ich denn ohne meine ablehnenden Gedanken?

Wer wäre ich, wenn in der Wirklichkeit alles so ist, wie es gerade ist und ich nicht glauben würde, dass dies nicht mein Leben ist?

Ich könnte mich öffnen. Für das, was mein Leben gerade so ist. Es überhaupt erst einmal richtig wahrnehmen. Wie einen Freund. Wie jemanden, der mir etwas bedeutet. Ich wende mich hin, nicht weg, das allein fühlt sich schon gut an. Ich fühle, wie sich Wärme in mir ausbreitet. Als hätte ich die Arme um mich selbst geschlungen und mir das Versprechen gegeben, mich nicht hängenzulassen. In guten wie in schlechten Zeiten.

Wie wäre mein Leben, wenn ich mich für das öffnen könnte, was jeweils gerade ist? Wenn ich es nicht ablehnen würde, was immer es auch ist?

Ich wäre im Fluss. Ich würde mit dem Strom hinunterfließen und nicht versuchen, mit aller Macht gegen die Strömung anzukommen. Ich würde von vornherein nicht erwarten, dass es für mich ausschließlich rote Rosen regnet. Wie in einem guten Roman gibt es auch in meinem Leben ein Auf und Ab. Es gibt Rosen *und* Dornen, Leichtigkeit *und* Anspannung, Zeiten voller Elan und Zeiten, in denen ich gar keinen Durchblick habe. Die ganze Palette, den ganzen Reichtum, nicht nur einen kleinen Ausschnitt. In einem meiner Lieblingsromane, den *Buddenbrooks* sagt die Konsulin es in einer kleinen Ansprache am Weihnachtsabend mit folgenden Worten:

»›Wenn auch nicht alles‹, sagte sie, ›im Laufe der Jahre sich so gestaltet habe, wie man es kurzsichtig und unweise erwünscht habe, so bleibe doch immer noch übergenug des sichtbarlichen Segens übrig, um die Herzen mit Dank zu erfüllen. Gerade der Wechsel von Glück und strenger Heimsuchung zeige, daß Gott seine Hand niemals von der Familie gezogen, sondern daß er ihre Geschicke nach tiefen und weisen Absichten gelenkt habe und lenke, die ungeduldig ergründen zu wollen man sich nicht erkühnen dürfe. Und nun wolle man, mit hoffenden Herzen, einträchtig anstoßen auf das Wohl der Familie, auf ihre Zukunft...‹«

Ohne meine ablehnenden Gedanken kann ich mit dem, was geschieht, freundlich sein. Und ich kann auch mit mir selbst freundlich umgehen. Ich kann die Gefühle erlauben, die mit der unerwünschten Situation zusammenhängen und damit überhaupt Gefühle zulassen. Auf diese Weise kann ich auch spüren, was mir guttun würde. Schneide ich die Gefühle ab, bin ich zu einem erheblichen Teil auch von meiner Intuition abgeschnitten, von meiner Körperweisheit, die mich leiten kann. Das ist für mich so, war für die Klientin so, und auch meine Flüchtlingsfrau hat das beschrieben.

Könnte es also sein, dass das Gegenteil meines belastenden Gedankens auch wahr ist?

Das ist das Leben, das ich wollte.

Auf welche Weise könnte das stimmen? Nun, ich will leben. Noch nie habe ich ernsthaft erwogen, mich vom Dach zu stürzen oder anderweitig mit dem Leben aufzuhören. Und das Leben bietet jedem von uns einiges an. Die Geburt, ein bestimmtes politisches und wirtschaftliches System, Eltern, Erzieher, Lehrer, ein Schulsystem, eine bestimmte Menge an Geld, den damit verbundenen Grad an Komfort, liebende Menschen an der Seite und Menschen, die es schwer haben mit der Liebe. Das Leben bietet Gesundheit und Krankheit und manchmal sind die Grenzen dazwischen gar nicht so gut zu erkennen. Es bietet Schmerz und Lust, und auch diese Übergänge sind fließend. Solange ich mich entscheide, am Leben zu sein, ist das die Welt, in die ich geworfen wurde.

Und wieso will ich auch diese Phase, in der ich gerade stecke? Dieses Körpergefühl, die Schmerzen und die Schwäche? Wie könnte es sein, dass dies das Leben ist, das ich wollte?

Hm ... Manchmal braucht es zum Finden der Beispiele etwas Zeit. Wenn sich daraufhin eine Tür öffnet, dann meist für ein Beispiel, das mir wirklich noch nicht bewusst war, oft ein richtiger Schatz. Selten gebe ich mich mit einem oder zwei Beispielen zufrieden. Es lohnt sich, nach mehreren Beispielen auf die

Suche zu gehen. Ich schließe die Augen und wiederhole meine Frage. Ich warte, welche Bilder vor meinem inneren Auge auftauchen, vielleicht sind es Erinnerungen, vielleicht Zusammenhänge. Ich lasse mich hineingleiten, ohne Eile.

Zuerst bemerke ich eine Kraft, die stärker ist als ich. Das Leben selbst, die Natur. Ich fühle mich an die Geburt meiner Tochter erinnert. Ich konnte mir so einen Geburtsvorgang für meinen Körper nicht vorstellen, obwohl Frauen Kinder gebären, seit es Menschen gibt. Auf diesem Planeten bringen pro Tag etwa dreihundertachtzigtausend Mütter ein Baby auf die Welt. Und obgleich dies eine der normalsten Sachen der Welt ist, war es für mich gleichzeitig die seltsamste. Unbekannt, schmerzhaft, und das auch noch eine Weile nach dem eigentlichen Vorgang. Fakt war, es ging gar nicht anders. Die Natur hatte es so vorgesehen. Und ich wollte das erleben. So ist es auch jetzt. Es gibt hier einen Übergang, und ich möchte ihn erleben, da durchgehen, sehen, wie mein Leben sich dadurch verändert. Ich möchte mich dem Fluss des Lebens anvertrauen. Dennoch erlaube ich mir, nach praktischen Lösungen für meine körperlichen Beschwerden Ausschau zu halten, darin besteht für mich kein Widerspruch.

Ich will diese Phase, weil sie mir eine neue Farbe des Lebens zeigt. Auch wenn ich zum jetzigen Zeitpunkt noch nicht weiß, welche Farbe das sein wird, so bemerke ich doch, dass ich mich anders fühle, wenn nicht mehr alles geht, was ich mir vorgenommen habe. Wie schön war es vor ein paar Tagen, von einer lieben Freundin in den Arm genommen zu werden und an ihrem Busen ein wenig zu weinen. Ich durfte mich hängen lassen, keine Ahnung haben, verpeilt sein. Meine Freundin sagte: »Du weichst auf.« Und ich hatte nichts dagegen. Gefühlt bin ich sonst diejenige, die andere in den Arm nimmt.

Und ich will diese Phase, in der nichts mehr so geht wie sonst immer, weil es auch eine Bereicherung ist, es nicht immer so machen zu können, wie ich es für richtig halte. Eine Beschränkung kann eine Bereicherung sein, mich dazu bringen, neue Wege zu beschreiten.

Meine Klientin will ihre Phase jetzt auch. Sie will dringend etwas lernen und dafür braucht sie diese Phase. Wenn es besser laufen würde, würde sie diesem Lernprozess nicht so eine Wichtigkeit beimessen. Sie will lernen, ihren stressigen Gedanken nicht mehr zu folgen. Sie konnte deutlich spüren, dass diese Gedanken sie nur runterziehen, ihr die Kraft rauben, und dass sie noch nicht einmal wahr sind. Sie hat sich auf eine strenge Diät gesetzt. Eine Gedankendiät. Wenn sie sich schon in die Zukunft oder in die Vergangenheit hineindenkt,

dann möchte sie dort freundlich und praktisch hindenken. Für diese Gedankendiät hat sie von mir ein Rezept bekommen. Beinahe hätte ich mir noch einen weißen Kittel übergezogen, um die Wichtigkeit der Sache zu unterstreichen, aber zum Glück besitzt die Klientin eine blühende Phantasie und konnte sich das vorstellen. Ohne ihre Phantasie könnte sie sich auch all die schrecklichen Dinge nicht vorstellen, sie nicht in den gruseligsten Farben und Formen ausmalen und sie in ein Horrorszenario betten. Denn alles, was in der Zukunft kommen wird, ist bis jetzt nichts als eine Vorstellung, nichts als ein Gedanke. Ein Gedanke, zu dem das Gehirn ein Bild liefert.

Auch meine Klientin will sich beschränken. Gerade dann, wenn die Krise am größten ist, braucht sie ihre Kraft, ihre Ideen, ihre Liebe zu sich und zu dem, was sie macht. Immer wenn sie in ein Denken gerät, das Stress auslöst, hält sie inne und fragt sich: Was kann ich mir jetzt Gutes tun? Dann wartet sie auf die Antwort. Diese Antwort kann jedes Mal anders ausfallen. Mal lässt sie ihre Bauchdecke los und atmet ein paar Mal tief durch. Mal legt sie Musik auf, mal fühlt sie ein Bedürfnis nach Bewegung. Was immer die Antwort auch ist – sie setzt sie um, sie bringt das wieder zu sich zurück. Zur Realität. Zu dem, was wirklich da ist. Sie spürt sich. Aus diesem Gefühl heraus lässt sich eine Krise besser überstehen. Sie sagt, sie will diese Phase, denn was sie jetzt lernt, ist so wertvoll, dass sie es für ihr ganzes Leben gebrauchen kann.

Und tatsächlich will auch meine Flüchtlingsfrau dieses Leben, in dem sie gerade steckt. Mag es manchmal auch noch so trostlos aussehen. Das ist das Leben, für das sie sich entschieden hat. Sie wollte Kinder bekommen, sie wollte sich nach Europa aufmachen, sie wollte es hier versuchen. Alles, was in ihrer eigenen Angelegenheit liegt, wollte sie auch. Und das andere kann sie sowieso nicht ändern. Als ihr Asylantrag neulich erneut abgelehnt wurde, habe ich mich getraut, sie zu fragen, ob sie nicht doch zurückwolle. So wäre sie immerhin bei ihren Kindern. Sie hat den Kopf geschüttelt und gesagt: »Nein, Ina, das geht nicht.« Irgendwie schafft sie es, jeden Monat einhundert Euro nach Hause zu schicken. Davon kann die Familie in Kamerun den ganzen Monat lang leben. Das ist auch, was sie will.

Was immer ich auch zu stemmen habe: Das Leben ist leichter, wenn ich das, was ist, auch will.

15 Trennung

Ich brauche ihn

Trennung schmerzt. Oft nicht nur denjenigen, der verlassen wird. Manchmal schmerzt es so sehr, dass es sich anfühlt, als wären alle sonst selbstverständlichen Lebensregeln außer Kraft gesetzt.

Marias Verstand arbeitet nicht mehr, der Körper kämpft mit einem unsichtbaren Gegner. Ihr langjähriger Freund hat sich in eine andere Frau verliebt, kennt diese andere Frau jetzt auch schon ein halbes Jahr, und der Sog zu ihr ist so stark, dass er sie nicht lassen kann und möchte. Immer, wenn Maria in die leere Wohnung kommt, immer, wenn sie an ihn denkt, zieht es ihr den Boden unter den Füßen weg. Als wäre sie ohne ihr Wissen jahrelang auf Droge gewesen und müsste nun durch einen kalten Entzug.

Ihre Gefühle sind Monster. Heimtückische, gemeine Monster, ausgestattet mit den übelsten Foltergeräten. Maria hat Angst, diese Monster könnten sie fertigmachen. Sie in einem Mörser zerreiben. Dass sie niemals wieder zu etwas Vernünftigem in der Lage sein wird. Diese Monster sollen weg. Maria will sie nicht spüren, nicht ansehen, nicht zulassen. Wenn sie kann, zieht sie ihr Schwert und kämpft. Und wird schwächer. Jedes Mal.

Ich schaue mir mit ihr die Gedanken an, die ihr diesen Schmerzcocktail bereiten; die Glaubenssätze, die diesen Schmerz so ins Unermessliche wachsen lassen. Sie glaubt:
– Das Leben ist ungerecht.
– Die andere Frau nimmt mir etwas weg.
– Ich liebe ihn doch.
– Er tut mir das an.

Als sie den Satz: »**Ich brauche ihn**« ausspricht, schlägt ihr Weinen in lautes Schluchzen um. Dies scheint ein besonders schmerzvoller Gedanke zu sein.

Ich erinnere mich an diesen Gedanken auch aus meinem Leben und auch an den Schmerz. Ich glaubte, ich brauche diesen Mann, um glücklich zu sein. Natürlich wusste ich: Es gab Zeiten vor ihm, als er noch nicht in meinem Leben war. Da brauchte ich ihn auch nicht, um glücklich zu sein. Doch dieses Wissen erscheint im Moment der Trennung unwirklich. Ein schwacher Trost. Oder gar keiner. Wenn der Schmerz groß ist, brauche ich sehr viele Dinge, die mit dem anderen zusammenhängen. Ich brauche sein Lächeln, seinen Geruch, seine Stimme, seinen Körper, seine Art, mit meiner Tochter umzugehen, unsere gemeinsamen Reisen, seine Zuverlässigkeit und die Art, wie er mir mit seiner Hand durchs Haar fährt. Kurz: Ich brauche seine Liebe.

Ich frage Maria, *ob das wirklich wahr ist*, dass sie ihn braucht, und ihr Schluchzen wird noch stärker. »Ja«, sagt sie, »das ist ja das Schlimme.« Ich frage, *ob sie wirklich absolut sicher sein kann, einhundertprozentig sicher*, dass sie diesen Mann braucht. Marias Weinen verebbt, sie muss überlegen. Einhundertprozentig sicher sein … Ihr Schmerz schreit: Ja, doch! Und ein Teil von ihr weiß es nicht genau.

Als Antwort auf die erste und die zweite Frage gibt es nur Ja oder Nein. Sie schaut mich an und kann sich nicht entscheiden. Ich gebe ihr mehr Zeit, mehr Raum, und nach einer Weile sagt sie:»Nein, absolut sicher sein kann ich mir nicht.« Maria lässt diese Erkenntnis nachwirken. Das Drama fühlt sich schon weniger krass an, jetzt, wo sie festgestellt hat, dass sie sich nicht wirklich sicher sein kann, ob sie ihn braucht. Das öffnet eine Tür zu einem lebenswerten Leben ohne ihn. Ein Leben, in dem sie sich selbst wieder genießen und wertschätzen kann. Ich frage sie:

»Wie reagierst du, was passiert in den Momenten, wo du diesen Gedanken glaubst?

Immer, wenn du glaubst, dass du ihn brauchst und er ist nicht da?«

»Oh Gott!«, sagt Maria, stöhnt, und ihre Augen werden feucht. »Ich folge meinen traurigen Gedanken, die sind einfach so stark. Sie stürzen mich dauernd ins Drama. Ich weiß nicht, ob ich je wieder jemanden finde, dessen Lächeln mir so gut gefällt. Jemanden, der so sanft mit mir ist, wenn ich mal ärgerlich bin. Jemanden, der so gut riecht und dessen Haut sich so gut anfühlt. Ich projiziere ein Trauerspiel in die Zukunft, in der ich auf der Suche nach etwas Vergleichbarem bin und es nicht finde. Ermattet und müde vom Suchen sinke ich irgendwann nieder und gebe auf. Resigniert, kraftlos, sinnlos.

So in etwa sehe ich meine Zukunft, wenn ich den Gedanken glaube. Alles schwarz.«

Maria spürt in diesen Momenten Angst, Wut und Ohnmacht. Sie hat kaum Kraft, will einfach nur, dass er zurückkommt und kann nichts dafür tun. Eine ausweglose Situation. Sie ist verzweifelt, überflutet von unangenehmen Gefühlen und kann sich auf nichts konzentrieren. Sie will diese Gefühle nicht haben. Sie nicht spüren. Sie nimmt Schlaftabletten, versucht, sich mit Fernsehen abzulenken. Das gelingt immer nur zeitweise, und wenn sie die Kiste ausschaltet, ist auch der Schmerz wieder da. Innerlich verwünscht sie den Schmerz, schreit ihn an, fleht, bittet, diskutiert. Es hilft nicht. Sie führt einen Kampf gegen ihre eigenen Gefühle.

Wie ist mein Leben, wenn ich etwas, was da ist, nicht haben will? Ich strenge mich an, bringe eine enorme Kraft auf, um *gegen* etwas zu sein. Ich ziehe in den Kampf gegen meine Gefühle. Ist das liebevoll? Gehe ich da freundlich mit mir um?

Diese Wahl der Waffen ist sicher gut gemeint. Die meisten Menschen möchten lieber etwas Angenehmes spüren statt Schmerz. Dennoch: Maria hat im Moment keine Wahl, denn ihre schmerzvollen Gefühle sind da. Eindeutig. Und es sind ihre Gefühle. Wenn dieser Teil von ihr stiefmütterlich behandelt wird, fühlt sie sich noch einsamer, noch verlassener. Sie selbst ist es, die sich in diesen Momenten verlässt. Sie ist nicht liebevoll für sich da, wenn Schmerz auftaucht.

Diese Sicht auf die Dinge ist Maria neu. Glaubte sie doch bis eben, dass *er* es sei, der ihr diesen Schmerz zufüge und im Umkehrschluss auch nur *er* den Schmerz wieder von ihr nehmen könne. Da sie darauf aber keinen Einfluss hat, sah ihre

Lage so trostlos aus. Maria wird ganz still. Sie kann wahrnehmen, dass sie von ihm will, dass er liebevoll mit ihr umgeht und es selber nicht sein kann. Dass sie die Verantwortung an ihn abgibt und damit ihre Kraft.

»Wer wärst du denn ohne diesen Gedanken?«,

frage ich Maria. Wenn er in dir gar nicht auftauchte? Wenn es so etwas wie »brauchen« gar nicht gäbe in diesem Universum? Ja, wenn nicht einmal das Wort existierte?

Maria schmunzelt. Das Fehlen des Wortes »brauchen« scheint eine angenehme Vorstellung zu sein. Wenn ich nicht glaube, etwas zu brauchen, meine Gedanken also nicht dauernd etwas begehren, was gerade nicht da ist, dann kehrt Ruhe ein. Dann kann ich ankommen.

Solange ich noch glaubte: *Ich brauche ausreichend Schlaf,* war Schlaf immer ein schwieriges Thema. Seit ich mich in der Menopause befinde, habe ich diese Hoffnung aufgegeben. Das mag klingen, als sei ich frustriert – aber nein! Nicht mehr darauf zu hoffen, macht mich frei. Ich verwende keine Energie mehr darauf, traurig zu sein, dass es diese Nacht wieder nicht geklappt hat. Ich nehme einfach, was ich kriegen kann. Und dann kümmere ich mich nicht mehr darum.

Lange habe ich auch geglaubt: *Ich brauche Bionahrungsmittel.* In Berlin habe ich mehrere Bioläden in Reichweite, und es fühlt sich für mich gut an, dort einzukaufen. Die Vorstellung von gespritztem Obst und Gemüse, den immergleichen Sorten, und dass alles nach einem optisch reinen Erscheinungsbild gezüchtet wird, lässt mich mein Geld gern im Bioladen ausgeben. Aber was, wenn mal keine Zeit ist, dort einzukaufen? Was, wenn ich auf Reisen bin? Dann ist dieser, ursprünglich freundlich gemeinte Gedanke, plötzlich sehr unpraktisch. Er bringt mich in richtige Schwierigkeiten. Ergo habe ich das »brauchen« wieder fallengelassen.

Was ist es, was Sie brauchen? Hier ein paar Beispiele, die in meinen Einzelsitzungen und Seminaren immer wieder auftauchen:

Ich brauche, dass die Menschen freundlich sind.
Ich brauche, dass andere mich wertschätzen.
Ich brauche mehr Geld, Zeit, Ordnung.
Ich brauche bessere Chancen.

Und wie fühlt es sich an, diese Dinge oder Umstände zu brauchen?

Wie wäre Ihr Leben, liebe/r Leser/in, wenn das Wörtchen »brauche« nicht wäre?

Maria lächelt. Ohne »brauchen« ist alles einfacher. Dann braucht sie jetzt noch nicht einmal ein gutes Gefühl. Das Gefühl, das sie spürt, ist gut genug. Es darf genau so sein, wie es ist. Ohne *brauchen* muss sie nicht die Kraftanstrengung unternehmen, zu einem besseren Gefühl zu gelangen. Sie kann sich entspannen, sich zurücklehnen, sie muss gar nichts.

»Schön«, sagt Maria. »Ich könnte mich mit Dingen verbinden, auf die ich Lust habe, anstatt in Gedanken bei ihm zu hängen.«

»Und wie wäre das?«

Maria überlegt. Und überlegt. Und überlegt. Sie sieht nicht traurig aus.

»Auch, wenn du noch keine Antwort hast«, sage ich zu ihr, »wie fühlt es sich an, deine Gedanken auf diese Reise zu schicken?«

»Gut«, sagt Maria und ist überrascht. »Ja, schon allein die Gedanken dorthin zu lenken, ist angenehm. Mir ist jetzt aber auch etwas eingefallen, womit ich mich gern verbinden würde. Ich möchte meine Freunde wieder mehr sehen. Das kam in letzter Zeit viel zu kurz, und das tut immer so gut. Außerdem fühle ich mich im Kontakt mit meinen Freunden aufgehoben und eingebettet. Oh ja, da schreibe ich nachher gleich ein paar Nachrichten.«

Ich warte. Schaue Maria an. Sie hat den Pfad schon betreten, auf dem die freundlicheren Möglichkeiten zu finden sind.

»Ach ja! Und ich will mal wieder ein gutes Buch lesen! Das habe ich lange nicht gemacht. In ein gutes Buch kann ich so abtauchen, mich berühren lassen. Dafür brauche ich ihn dann auch nicht.«

Ich kenne meine Liste und könnte ihr, sollte ihr tatsächlich nichts weiter einfallen, etwas von mir anbieten. Aber dazu kommt es gar nicht.

»Und ich will mal jeden Morgen Yoga machen. Das habe ich mir auch schon lange vorgenommen und nie umgesetzt. Bei den Übungen kann ich meinen Körper gut spüren, und das gibt mir ein Wohlgefühl. Beim Yoga habe ich oft das Gefühl, dass ich meinen Körper mag. Auch dafür brauche ich ihn dann nicht«, sagt Maria und lacht.

Mit diesen Dingen möchte Maria sich noch verbinden, anstatt in Gedanken bei dem Mann zu sein, der sie verlassen hat: Sie möchte weniger essen. Bewusster essen. Nur bei Hunger essen. Hunger wieder spüren, das klare, eindeutige Bedürfnis, sich Nahrung zuzuführen. Nebeneffekt: Sie fühlt sich leichter, sie fühlt sich schön.

Sie möchte die Wohnung umräumen, umgestalten, streichen, ausmisten. Sie an ihre jetzige Gefühlslage anpassen. Ihren Gefühlen damit einen liebevollen Ausdruck geben. Das fühlt sich richtig gut an.

Sie möchte sich körperlich hin und wieder verausgaben, außer Atem kommen, an eine Grenze kommen. Sich selber spüren, und das unabhängig von jemand anderem, von dem sie wieder glauben könnte, dass er ihr diese Gefühle gibt.

Und es gibt auch ein paar Sachen, die sie *nicht* tun will. Nur mal für eine Weile. Dann möchte sie noch einmal neu überprüfen, ob das hilfreich war.

Sie möchte nicht so viel und auf eine problematische Weise an ihn denken.

Sie möchte keine Dinge mehr tun, die sie nicht auch selbst möchte. Die vielen Kompromisse in ihrem Leben abschaffen.

Sie möchte Weihnachten mal nicht zu ihren Eltern fahren. Dort gibt es wenig Verständnis.

Was ist Ihre Liste, liebe/r Leser/in? Worauf können Sie zurückgreifen, wenn es Ihnen mal nicht gut geht? Mit welchen freundlichen, wohltuenden Dingen können Sie sich verbinden, ohne dass Sie dafür jemanden brauchen? Ich habe gute Erfahrungen damit gemacht, wirklich eine reale Liste zu schreiben, auf die ich schauen kann, wenn es so weit ist. Bin ich erst einmal in einem Problemzustand gefangen, tue ich mich schwer, diese Beispiele zu finden. Außerdem ist es beruhigend zu wissen, dass es da eine ganze Reihe von Dingen gibt, die ich tun kann, um mich mit der Welt zu verbinden. Um mich und den Wert meines Lebens zu spüren.

Wer wäre Maria also ohne den Gedanken, dass sie ihn braucht?

Sie findet wieder zu sich selbst und in ihr eigenes Leben zurück. In das Leben, welches jetzt existiert, das Leben, in dem sie wirklich etwas tun kann. Sie verbindet sich mit Menschen und Dingen, die ihr guttun, und nicht mit welchen, die nicht mehr für sie erreichbar sind und auch nicht erreichbar sein möchten. »Komisch«, sagt Maria. »Wenn ich nicht glaube, dass ihn brauche, dann brauche ich ihn auch nicht.«

Ich brauche ihn nicht,

ist eine Umkehrung. Wieso braucht Maria ihn nicht? Kann sie dafür konkrete Beispiele finden? Maria sitzt eine Weile auf dem Sofa. Es ist ihr schon leichter ums Herz.

»Also«, sagt sie dann, »ist es denn wirklich *er*, den ich gebraucht habe? So, wie er tatsächlich war? Mit allem Drum und Dran? Alles, was er jetzt tut und denkt, brauche ich überhaupt nicht. Was war es denn, was ich von ihm brauchte? Sicherheit zum Beispiel. Ich brauchte meine gesicherte Portion Aufmerksamkeit, meine gesicherte Portion Wärme, Zuneigung und Zärtlichkeit. Ich wollte nur die schönen Momente erleben, sie wie Filmausschnitte aus dem echten Film herausschneiden und aneinanderkleben. Brauche ich ihn nicht, darf das Leben wieder Einzug halten. Es darf ruckeln und zuckeln, schön sein und weh tun, wir dürfen uns mal nah und mal fern fühlen. Ich darf verloren sein und das auch fühlen. All das, dieses ganze Paket des Lebens bekommt ein Ja, nicht nur der kleine Ausschnitt, den ich mir wie einen Werbeclip zusammengebastelt habe.

Ich wollte die Sicherheit, dass ich dieses Schöne bis zum Ende meines Lebens haben werde. Ich brauchte von ihm, dass er mir das gibt. Darauf habe ich bestanden. Wenn er das nicht tat, fürchtete ich, den Abhang hinunterzustürzen und im Abgrund der Unsicherheiten zu landen. Natürlich weiß ich nicht, ob ich je wieder jemanden finde, dessen Lächeln mir so gut gefällt. Jemanden, der so sanft mit mir ist, wenn ich mal ärgerlich bin. Jemanden, der so gut riecht und dessen Haut sich so gut anfühlt. Aber ich brauche das nicht. Das zu brauchen macht mich einfach nur unfrei.«

»Ich brauche ihn nicht«, beginnt Maria ihr zweites Beispiel, »weil das keine wirkliche Liebe ist. Er sollte mir diese schönen Momente immer wieder schenken. Genau das, was mir immer so gut gefallen hat. Davon konnte ich gar nicht genug bekommen. Aber wie behandle ich ihn denn, wenn ich das von ihm will? Wie einen Erfüllungsgehilfen, eine Art Sklaven, der diese Aufgaben übernimmt. Ich gestehe ihm kein eigenes Leben zu, kein Auf und Ab, kein Zaudern und Zögern, keine Zweifel, keine eigenen Krisen. Ich bin auf Droge, und er soll stabil sein und sie mir geben.

Und ich brauche ihn nicht, sobald ich etwas anderes Interessantes mache, das mein Herz zum Schwingen bringt. Oder wenn ein anderer Impuls von außen kommt, der starke Gefühle in mir auslöst. Wenn meine Aufmerksamkeit mal bereit ist, woandershin zu gehen.«

Maria sitzt auf dem Sofa und zieht die Beine an. Sie wirkt entspannter.»Interessante Erkenntnisse… Gibt es denn überhaupt irgendetwas, was ich wirklich brauche?«

Eine weitere Umkehrung ihres belastenden Gedankens lautet:

Ich brauche mich.

Könnte das auch stimmen? Wenn ja, inwiefern stimmt das für Maria? Könnte es vielleicht sogar sein, dass sie sich selbst viel stärker braucht als ihn?

»Ja«, sagt Maria, »er war ja nicht immer da, und jetzt ist er ganz weg. Aber ich bin immer bei mir. Morgens, mittags, abends, nachts. Das ist mein erstes Beispiel.

Ich brauche mich, wenn er nicht da ist, aber ich brauche mich auch, wenn er da ist. Aus der Bedürftigkeit, die entsteht, wenn ich den Gedanken glaube, dass ich ihn brauche, bin ich nicht richtig bei mir. Ich kann mich nicht gut spüren, bin nicht in meiner Mitte. Ich schiele nach dem, was er will, was ich tun könnte, um ihm zu gefallen, um ihn zu halten. Klar, das mache ich subtil, so, dass er das nicht gleich merkt. Aber ich selbst spüre es ja deutlich. Ich hänge bei ihm an der Nadel. Das verstärkt mein Gefühl der Abhängigkeit und Bedürftigkeit noch. In solchen Momenten brauche ich mich. Ich will spüren, was für mich stimmt, und dementsprechend auch handeln. Alles andere bringt doch nichts. Mir nicht und ihm auch nicht. Das ergibt keinen echten Kontakt.«

Ich schaue Maria an und sehe, wie ihre Worte in ihr nachwirken. Das sind wertvolle Momente, in denen sie sich erlaubt, das Gesagte auch zu spüren. Momente, die es ermöglichen, dass Worte und Gedanken nicht verpuffen und wieder verlorengehen. Sie gestattet sich, diesen echten Kontakt zu fühlen, der entstehen kann, wenn zwei Menschen beieinander sind, die gleichzeitig jeder bei sich selbst bleiben und das dann mit dem anderen teilen. Natürlich gibt es da ein hohes Risiko. Könnte sein, dass dem anderen das, was tatsächlich authentisch in mir spürbar ist, nicht gefällt. Das ist immer möglich, und dann passt es eben nicht. Oder im Moment nicht. Allerdings – bin ich mit jemandem zusammen, dem das gefällt, kann Liebe fließen. Dann ist alles echt, und was echt ist, fließt leicht. Mühelos. Das Echte verlangt nicht nach Tricks und Verstellung. Das Echte braucht nichts. Es fließt einfach. Und es fließt weiter, auch wenn der andere zur Tür hinausgeht.

»Hast du noch ein drittes Beispiel für die Umkehrung: *Ich brauche mich*? Was könnte das noch sein? Wofür brauchst du eher dich als ihn?«

Maria nickt. Sie hält es für möglich, dass sie ein drittes Beispiel findet. Sie ist offen dafür, ihre Gedanken schweifen zu lassen.

Zu glauben, dass ich ein Beispiel finden werde, erhöht die Wahrscheinlichkeit, dass ich tatsächlich eins finde, enorm. Manchmal braucht es einen Moment Zeit. Lägen die Beispiele für das freundlichere Gegenteil offensichtlich auf der Straße rum, wäre ich ja auch schon ohne The Work darauf gekommen. Ich sitze manchmal ein paar Minuten in Stille und erlaube jedem Bild und jeder Idee, sich zu zeigen. Dabei kommt es vor, dass meine Gedanken abschweifen. »Was schenke ich denn bloß meiner Schwester zu Weihnachten?« oder: »Ich wollte doch noch meinem Kollegen Bescheid sagen, dass ich den Termin nächste Woche verschieben muss.« Ich bemerke diesen kleinen Ausflug meiner Gedanken, eventuell notiere ich mir etwas, was ich nicht vergessen will, und dann hole ich mich freundlich zu meiner Umkehrung zurück. Ich verurteile mich und meine Gedanken nicht dafür und mache mir keine Vorwürfe: »Mann, ich kann ja noch nicht mal fünf Minuten an einer Sache dranbleiben… Mit mir wird das nichts… The Work funktioniert bei mir nicht… Es ist eh zwecklos, etwas verändern zu wollen…« Ich lenke meine Aufmerksamkeit ein-fach wieder auf den Punkt, wo ich gerade war, und mache dort weiter.

Maria hat ein drittes Beispiel:

»Ich brauche mich, um Liebe zu spüren. Ich möchte Liebe spüren, und *ich* bin es, die die Liebe spürt. Bin ich gegen mich, kann ich gar keine Liebe spüren. Da könnte noch so viel um mich herum vorhanden sein, ich würde sie nicht bemerken. Oder ihr nicht über den Weg trauen. Um Liebe zu spüren, brauche ich erstmal meine Liebe zu mir; dass ich mir selber erlaube, das zu fühlen, was ich gerade fühle; mir erlaube, das zu sein, was ich gerade bin. Das fühlt sich immer gut an. Und das Schöne ist: Dafür kann ich auch etwas tun. Ob er mich liebt, schätzt oder anerkennt, ist nicht meine Angelegenheit, da kann ich gar nichts tun.« Maria lacht. »Außer ich mani-puliere ihn. Was wieder nicht liebevoll wäre, auch nicht für mich.«

Maria atmet tief durch, man könnte sagen, sie schnauft. Sie

steht auf und schüttelt sich ein bisschen. Als würde sie etwas abschütteln und sich damit die Chance geben, dass Dinge sich neu sortieren können.

»Weißt du was?«

»Nö.«

»Im Moment fühlt es sich so an, als ›bräuchte‹ ich andere Menschen dafür, mehr ich selbst zu sein. Bin ich alleine, fällt mir das leicht. Erst im Kontakt mit anderen zeigt es sich, ob ich mir selber vertraue, zu mir stehen kann und mich mag.«

Meine Erfahrung ist: Wenn Menschen, von denen ich sage, dass ich sie liebe, nicht mehr bei mir sein wollen, keine Zeit mehr mit mir verbringen wollen, dann könnte es hilfreich sein zu überprüfen, ob das wahr ist, dass ich sie liebe. Oder ist es nicht eher so, dass ich etwas von ihnen brauche?

16 Unterstützung

Ich muss das hier allein durchstehen

*I*m letzten Sommer hatte ich mit einem guten Freund eine Reise geplant. Er liebt die Berge, er kennt die Berge, er weiß, wie man dorthin kommt und was in den Rucksack gehört. Ich konnte mich also zurücklehnen und ihn alles organisieren lassen. Er tat das mit Freude. Mietwagen buchen (ein Gräuel für mich), Hütte anrufen, Proviant besorgen. Alles war fertig. Dann wurde er krank. Lag im Bett und wollte nur schlafen und am liebsten allein sein. Gut, dachte ich, dann mache ich diese Woche eben ohne ihn. Natürlich würde ich ohne meinen persönlichen Bergführer nicht die gleichen Touren gehen. Wir suchten ein paar Lightversionen heraus, mehr so Bergwandern mit Zivilisation.

Tatsächlich war das Ausleihen des Mietwagens kein Gräuel, dennoch blieb mir ein leiser Zweifel, was da von meiner Kreditkarte abgezogen werden würde. Mein Freund hätte gewusst, worauf man zu achten hat. Auch hätte er seine Freude an den kurvigen Bergstraßen gehabt, die zu fahren ich eher anstrengend fand. Zum Glück gab es Ausweichbuchten am Straßenrand, sodass ich hin und wieder die Karawane an mir vorbeiziehen lassen konnte, die sich hinter mir gebildet hatte. Am nächsten Morgen beim Frühstück suchte ich mir intuitiv eine Route aus. Ich wollte schnell ganz nach oben, die gute Bergluft genießen. Von dort aus würde ich ein wenig nach unten wandern, dann wieder aufwärts und am Ende des Tages nur noch bergab. Ich schnürte mein Ränzlein, nahm ein paar kurvige Bergstraßen in Kauf, parkte und stand am Fuße der Dolomiten. Da ich schnell hochwollte, kaufte ich ein Ticket für die Seilbahn, ohne weiter darüber nachzudenken. Erst als ich die Gondel bestieg und meinen Fuß auf den schwebenden Untergrund setzte, erinnerte sich mein Körper – ich hatte Angst, Seilbahn zu fahren. Die Tür schloss automatisch, und mir wurde übel. Ich versuchte, ruhig zu bleiben und tief zu atmen, während mir die Tränen die Wangen herunterliefen. Fünf Menschen fuhren mit mir in der Gondel; sie alle sahen an mir vorbei. Tropf. Tropf. Ich atmete und schloss die Augen. Es würde vorbeigehen. Nur ein paar Minuten, dachte ich, und ich kann aussteigen. Auf der Hälfte des Weges. Festen Grund unter den Füßen spüren. Beim Aussteigen musste ich mich festhalten, so weich waren meine Knie. Draußen nahm ich den ersten Stein, der sich zum Sitzen eignete und weinte noch eine Weile. Gondeln kamen von oben und unten, und ich trug mich mit dem Gedanken, die Fahrt, die ich bis ganz oben gebucht hatte, verfallen zu lassen. Zwanzig Minuten saß ich da so. Dann stand ich auf, ging ein paar Schritte und sah zum Gipfel hinauf. Sollte ich mir den wirklich entgehen lassen? In den Gondeln nach oben standen viele Passagiere, von außen sah es gar nicht gefährlich aus. Ich stieg ein. Ohne meine Gedanken an Absturz und Steilwand könnte es gehen, dachte ich. Ich stellte mir vor, ich stünde in der Berliner U-Bahn!

Die Haltegriffe waren die gleichen. Doch kaum hatte ich die Gondel betreten, liefen meine Tränen wieder. Ich fühlte mich allein. Wäre mein Freund hier gewesen, hätte ich mich an ihm festhalten können. Ach, wäre das schön gewesen.

Nun muss ich das hier allein durchstehen, dachte ich, und zusätzlich zur Angst waberte eine Traurigkeit durch mein Herz. Undeutlich tauchte in mir die erste Frage der Work auf. *Ist das wahr?*

Ist das wahr, dass ich das hier allein durchstehen muss?

Vor mir stand eine Frau mit Wanderstöcken. Sie sah gemütlich aus, kräftig, entspannt. Zaghaft legte ich ihr meine Hand auf die Schulter. »Entschuldigung«, sagte ich zu ihr, »Ich hab so Angst in der Gondel, darf ich meine Hand auf Ihre Schulter legen?« Für einen Moment sah sie erstaunt aus, dann sagte sie: »Na klar, kommen Sie mal her, Mädchen.« Sie nahm meinen Arm und presste ihn an ihren Körper, sodass ich ihren Rücken warm und fest an meinem Körper spüren konnte. So standen wir die ganze Fahrt. Ich schloss die Augen, spürte ihre Nähe und weinte einfach vor mich hin. Ach, tat das gut! So ein kleiner Schritt mit so einer großen Wirkung. Ich hatte jemand Wildfremdes um Hilfe gebeten. Dadurch war dieser Jemand nicht mehr wildfremd, noch nicht einmal fremd. Und die anderen Passagiere, die ich theoretisch ebenfalls hätte fragen können, auch nicht. Ich war verbunden. Ich war nicht allein.

Am Gipfel angekommen, bedankte ich mich von ganzem Herzen bei der Frau, und sie sagte, für sie wäre es schön gewesen, mir beizustehen. Ich war sehr gerührt. Lange saß ich dort oben, schaute ins Tal und auf die schneebedeckten Gipfel der Berge. Der Himmel blau, ein paar Wolken hingetupft.

Ich helfe oft und gern und mag das Gefühl, für andere Menschen da zu sein, nützlich zu sein und zu einer Lösung beizutragen.

Gehe ich davon aus, dass ich schwierige Situationen alleine durchstehen muss, weil niemand mir helfen wird oder kann, dann kommt mir die Welt unfreundlich, kalt und herzlos vor. Ich bin hilflos. Ausgeliefert. Ich lebe in einer unfreundlichen Welt. Gehe ich davon aus, dass ich Hilfe bekommen kann, wenn ich darum bitte, erlebe ich, dass ich in einer Welt voller Unterstützung lebe! Ich muss die Zähne nicht zusammenbeißen, meine Gefühle nicht verstecken oder glauben, dass jeder nur an sich denkt! Sagt der Erste, den ich frage, Nein, kann ich den Nächsten fragen. Und wieder den Nächsten. Die Wahrscheinlichkeit, dass von dreien einer Ja sagt, ist hoch, wenn ich keine absurden Wünsche an fremde Menschen richte.

Leben Sie in einer unterstützenden Welt? Bitten Sie um das, was Sie möchten? Oder wünschen Sie sich von anderen, dass sie Ihnen die Wünsche von den Augen ablesen und sind dann enttäuscht oder gekränkt, wenn Sie nicht bekommen, worum Sie nicht gebeten haben?

Was befürchten Sie, passiert, wenn Sie um etwas bitten?

Belastende Gedanken, die ich kenne, sind zum Beispiel:

Andere denken, ich komme nicht alleine klar.

Ich mache mich angreifbar.

Wenn ich jemanden um einen Gefallen bitte, darf ich ihm später auch keinen Gefallen abschlagen.

Kennen Sie das auch, dass Sie den Impuls hatten, jemanden um etwas zu bitten, und sich dann doch dagegen entschieden haben? Warum haben Sie nicht gefragt? Wie lautete der Gedanke, der Sie davon abgehalten hat? Gedanken, die ich kenne: *Wenn der andere ablehnt, bin ich blamiert.*

Ich kriege sowieso nicht, was ich will.

Es könnte eine Nähe entstehen, die mir später nicht mehr recht ist.

An dem Tag in den Bergen habe ich gleich noch zwei Mal um Hilfe gebeten. Nachdem mein Körper sich von dem Seilbahnschock erholt hatte, wanderte ich los. Ein bisschen bergab, dann wieder bergauf, bergab und wieder bergauf. Dann begann es zu regnen. Der Himmel zog sich in einem rasanten Tempo zu. Sollte ich zurückgehen oder weiter nach vorn? Aus dem Regen wurde Hagel, und die Körner wurden immer größer. Mein Denken, das bergtechnisch sowieso nicht viel hergab, hatte keine plausible Lösung parat, und so setzte ich mich ins erstbeste Gebüsch neben dem Weg, der nicht mehr begehbar war. Mit meinem Rucksack auf dem Schoß saß ich zusammen gekauert da, hoffend, Teile von mir könnten trocken bleiben. Dann blitzte und donnerte es mit einer Wucht, die ich noch niemals zuvor erlebt hatte. Hatte ich vorher Angst gehabt, vom Berg zu rutschen, hatte ich nun Angst, hier im Gebüsch zu sterben. Es krachte über mir, als würde der Fels gespalten. Ich betete, dass es mich verschonen möge. Noch nicht, bitte noch nicht jetzt. Ich fror und schwitzte. Plötzlich tauchte ein Mann auf. In hochprofessioneller Wanderausrüstung. Er rief mir etwas zu, was ich unter dem Hagel nicht verstehen konnte und setzte sich dann in Sichtweite in ein anderes Gebüsch. Ich war nicht mehr allein. Noch zwei Mal krachte es, aber nun, in der Nähe eines anderen Menschen, war es nicht mehr so schlimm. Die Körner wurden kleiner, und der Mann stand auf. Ich automatisch mit. Mir war kalt. Ich spürte, dass ich Gefahr lief zu unterkühlen, wenn ich noch länger sitzen blieb. Ich musste mich bewegen. Klatschnass und durchgefroren rief ich ihm meine Bitte zu. Ich wollte mich anschließen, nicht allein sein. Er winkte zustimmend und setzte sich mit seinen Wanderstöcken in Bewegung. Ich hatte so etwas nicht. Ich rutschte, kroch, versuchte zu stehen. Er lief voraus. Irgendwann hörte der Hagel auf. Das Wasser floss in Sturzbächen den Berg hinunter. Ich traute mich zu gehen, immerhin hatte ich hochwertige Bergwanderschuhe an den Füßen. Der Mann war schneller. Aber ich hatte ihn noch im Blick, das half. In der nächsten Hütte traf ich ihn dann, schon bei einem Grog sitzend. Ich konnte auch einen gebrauchen.

Mehr schlecht als recht trocknete ich meine Kleidung unter dem Händetrockner auf der Toilette und lief wieder los, nun nur noch bergab. Es fiel kein Regen mehr, und das Wasser lief nur noch in kleinen Rinnsalen mit mir gemeinsam den Berg hinab. Ein Waldstück begann. Mein Knie tat weh, ich laufe ja nicht jeden Tag so eine Strecke. Kuhglocken bimmelten, und mir kam das romantisch vor. Bis ich den Kühen Auge in Auge gegenüberstand. Sie standen da einfach im Wald und guckten mich an. Große Tiere. Ich blieb stehen und wusste nicht weiter. Ich schaute ihnen zu, sah auf den Waldboden, in die Wipfel der Bäume und wieder zu den Tieren. Bewegte ich mich, guckten sie wieder zu mir hin. In Zeitlupe könnte es gehen, dachte ich, und bewegte mich, so langsam ich konnte, nach rechts in der Hoffnung, mich in einem größeren Bogen um die Herde herumschleichen zu können. Es dauerte lange, aber nach allem, was ich an diesem Tag schon erlebt hatte, schien es mir auch hier möglich, eine Lösung zu finden. So unauffällig ich konnte, umging ich die Herde und war gerade dabei, frohen Mutes neu auszuschreiten, da hörte ich hinter mir ein Getrappel. Ich guckte mich um und sah, wie die Herde den Hang hinabdonnerte, direkt auf mich zu. Ich schrie auf und warf mich an einen Baum. Mehr als Halt, denn als Schutz. Die Kühe rasten an mir vorbei und waren nun wieder vor mir. Ich hielt den Baum umklammert und sah nun auch, was die Kühe zum Rennen verleitet hatte. Drei Menschen kamen plaudernd den Waldweg hinunter. Auch auf mich zu. Sie lachten und meinten, die Kühe täten einem nichts. Das war schön zu hören, dennoch bat ich sie, mich ihnen beim Rest des Abstiegs anschließen zu dürfen. Sie nahmen mich in ihre Mitte, und ich konnte ein Stück weiter abwärts erleben, wie wir als Gruppe unerschrocken (zumindest die anderen) durch die Herde marschierten und die Kühe uns tatsächlich nichts taten. Wieder lebte ich in einer Welt voller Unterstützung.

Wie gut, dass ich um Hilfe bitten kann! Wie gut, dass ich mir erlaube, für mich zu sorgen! Dass ich mir erlaube, andere für mich sorgen zu lassen. Dass ich mir erlaube, schwach zu sein, wenn ich mich schwach fühle. Dass ich mir gestatte, nicht zu wissen, was zu tun ist. All das bin ich. Ebenso wie ich stark bin und Dinge weiß. Ich bin alles. Wir alle sind alles. Wir tragen alle Eigenschaften und Anlagen in uns. Ich gestatte mir, das zu sein, was ich gerade bin. Ich erlaube mir, das zu fühlen, was ich gerade fühle. Das klingt so simpel und ist für viele Menschen doch die schwerste Übung überhaupt. Ich lasse mich einfach so sein, wie ich jetzt gerade bin. Natürlich kann ich mich längerfristig friedlich und mit Freude auf den Weg machen und etwas verändern wollen. Aber jetzt gerade kann ich nicht anders sein oder anders fühlen. Will ich das, will ich etwas Unmögliches. Und wie fühlt es sich an, etwas Unmögliches von mir zu verlangen?

Seit meiner Woche in den Bergen gebe ich darauf acht, dass ich andere immer mal wieder um etwas bitte. Dass ich mir Unterstützung hole, wenn ich gern welche hätte. Dass ich nicht erst traurig werde, mich zurückziehe und ein Verlassenheitsgefühl sich in mir ausbreiten lasse, das nun wirklich nicht wahr ist. Worum habe ich andere Leute schon alles gebeten?

1. Nach einem viertägigen Weiterbildungsseminar, in dem ich selbst Teilnehmer war, fühlte mein Rücken sich verspannt an. Ich sah im Internet nach, ob ich in der Stadt, in der ich war, für den Abend noch einen Termin bei einem Masseur ergattern könnte, doch es fand sich keiner. Ich spürte, dass ich wirklich sehr gern eine Massage bekommen würde. Mir fiel ein, dass ich von den vielen anwesenden Teilnehmern jemanden bitten könnte. Ich ging zu der ersten Frau, die ich kannte und von der ich mich gern

hätte massieren lassen. Ohne groß rumzueiern, frage ich: »Sag mal, könntest du mich massieren? Ich fühle mich so verspannt.« Ich glaubte, eine gewisse Überraschung auf ihrem Gesicht ausmachen zu können. Sie sagte, sie habe sich gerade den kleinen Finger verstaucht und könne nicht. Ich bedankte mich und sah mich nach einem anderen Menschen um, den ich fragen könnte. Ich holte mir noch ein zweites Nein, und der dritte sagte: »Woher weißt du, dass ich Chiropraktiker bin?« Er grinste, ich freute mich. »Ist das ein Ja?« Er sagte, ich sollte mich mit dem Rücken zu ihm drehen, und ich beschloss, das als ein Ja gelten zu lassen. Fünf Minuten machte er ein paar Sachen mit mir, nach denen sich mein Rücken besser anfühlte. Wir kamen ins Gespräch, und es stellte sich heraus, dass wir uns über vier Ecken schon kannten und sowieso schon einmal miteinander hatten reden wollen. Großartig, ich lebte mal wieder in einer unterstützenden Welt.

2. Ein Freund von mir erzählte mir von einer Meditation, die er bei Heilungsprozessen als sehr hilfreich empfand. Ich bat ihn, sie einmal mit mir zu machen, und fand sie auch angenehm. Später erinnerte ich mich nicht mehr genau daran und dachte, dass ich seine Stimme gern aufgenommen hätte, damit ich mich jederzeit von ihm durch diese Meditation begleiten lassen könnte. Ich bat ihn darum, und er schickte mir eine Audiodatei. Das war einfach. Und meine Idee, er könnte aus seinen Lieblingsmeditationen mal eine CD basteln, fand er wiederum gut. Herrlich. Unterstützung in beide Richtungen.

3. Eine Freundin holte mich aus dem Krankenhaus ab, nachdem ich mich hatte überwinden können, sie darum zu bitten. An diesem Tag konnte ich so deutlich spüren, wie ich mein Leben lang geglaubt hatte, ich müsste alles allein hinkriegen. Wenn ich einen schlechten Tag gehabt hatte, habe ich nicht zum Telefon gegriffen, ja, ich habe noch nicht einmal abgehoben, wenn dann eine Freundin anrief. Ich war sehr gerührt, als meine Freundin sagte, sie würde sich wirklich sehr freuen, mal was für mich machen zu dürfen. Und sie würde mich furchtbar gern vom Krankenhaus abholen.

4. Ehrlich, wie sie ist, sagte dieselbe Freundin, dass sie die schwere Tasche, die ich dabeihatte, aber nicht nach oben würde tragen können. Ich klingelte also bei einem der Nachbarn, es ergab sich ein Gespräch, sie erfuhren von meiner Erkrankung, und nun bekam ich noch mehr Unterstützung. Der Buschfunk funktionierte, und ich musste nicht jedem Einzelnen Bescheid sagen. Wann immer ich Nachbarn treffe, fragen sie, wie es mir geht und ob ich etwas brauche. Eine unterstützende Welt.

Was sind die Dinge, um die Sie andere gern bitten würden und es nicht tun?

Könntest du mir zuhören?

Für mich kochen?

Mir die Wahrheit sagen?

Dich neben mich setzen?

Eine Weile mit mir schweigen?

Mich in den Arm nehmen?

Und welcher Gedanke – denn es ist nur ein Gedanke – hält Sie davon ab, andere darum zu bitten? Welcher Gedanke verhindert, dass auch Sie in einer Welt der Verbindung und Unterstützung leben?

Ich habe nicht darum gebeten, weil...

Beispiele:

... der andere mich dann vielleicht ablehnt.

... mich seltsam findet.

... bedürftig sein nicht gut ist.

Können Sie absolut sicher sein, dass das stimmt?

17 Krankheit

Es wird mir schlecht gehen

*H*äufig werde ich gefragt, wie oft ich die Fragen der Work selbst anwende, und dann gebe ich zu: Immer nur, wenn's brennt, und das ist nicht oft. Meist geht es mir gut, und ich kann das Leben genießen.

Im letzten Jahr habe ich The Work allerdings wirklich gebraucht. Wieder einmal war ich von ganzem Herzen dankbar, dass ich meine belastenden Gedanken finden und prüfen kann. Nicht die Dinge, die uns zustoßen, sind die Ursache von Kummer, Angst und Leid, sondern unsere Gedanken darüber. Gedanken, die im Widerstand sind und die nicht haben wollen, was in der Realität vorhanden ist. Wenn ich solchen Gedanken Glauben schenke, bin ich zerrissen. Dann lebe ich in der Kluft zwischen dem, was mein Verstand sagt, wie es sein sollte, und dem, wie es tatsächlich ist. Ich kenne Menschen, die sich ihr ganzes Leben an den Felsen dieser Kluft aufreiben.

Im Sommerurlaub, auf den ich mich so gefreut hatte, schlief ich ohne erkennbaren Grund schlecht und kam nicht erholt zurück. Danach fühlte ich mich unausgeglichen, reizbar, weinte schnell, ohne zu wissen, wieso, und hatte das Gefühl, dass meine Kraft mir abhandengekommen war. Ich recherchierte ein bisschen und kam auf die Wechseljahre. Das war etwas früh, stimmte mit den Symptomen aber überein. In der Apotheke kaufte ich mir ein homöopathisches Mittel und ging dann doch im Herbst mal zum Arzt. Der meinte, man könne die Hormone testen, dafür wäre der Gynäkologe zuständig.

Mit meiner Gynäkologin bin ich befreundet, seit wir dreizehn sind. Wir haben schon einiges durch. Ich war bei der Geburt ihres ersten Kindes in der Charité dabei, sie hat, als sie schon Ärztin war, meine Tochter auf die Welt gebracht, und mich danach wieder zusammengenäht. Seit einigen Jahren hat sie eine eigene Praxis, zur Untersuchung komme ich immer freitags zum Ende der Sprechstunde, und im Anschluss gehen wir schön Mittag essen. So wollten wir es auch diesmal machen. Sie rief mich aus dem Wartezimmer in den Untersuchungsraum, wir umarmten und freuten uns und plauderten drauflos. Meine Freundin kann auf eine Weise die Brust abtasten, dass es kein bisschen weh tut oder unangenehm ist. Ich sage ihr das jedes Mal, und jedes Mal freut sie sich. Ich erzählte vom Urlaub, wie seltsam es war, dass ich mich mitten in den französischen Weinbergen gar nicht erholt hatte, und sie sagte: »Setz dich mal dorthin.« Ich setzte mich auf die Liege, auf die ihr Finger zeigte und plauderte über das leckere französische Essen, das wir in verschlafenen Städtchen auf dem Marktplatz mitten im Sommer genossen hatten. Mit einem Glas guten Rotwein. Sie nahm das Ultraschallgerät und setzte es auf meine Brust. Lustig war auch, wie ich, als ich auf dem Marktplatz parken wollte, die Handbremse im gemieteten Auto nicht gefunden hatte. Der Wagen rollte weg, auch wenn ich den ersten Gang einlegte. Meine Tochter hatte aussteigen müssen und einen Mann heranwinken, der mir das Versteck zeigte. Ich spürte, wie das kühle Gel sich auf meiner Brust verteilte, und in meinem Hinterkopf tauchte der Gedanke auf, dass mir dieses Gefühl gar nicht bekannt war, dass wir diese Untersuchung hier noch nie gemacht hatten. Ich verstummte. Meine Freundin markierte etwas auf dem Bildschirm und murmelte Wörter, die ich nicht verstand. Dann schaute sie mich an. Ich schaute sie an. Sie atmete tief, zeigte auf den Bildschirm mit den Markierungen und erzählte mir etwas von unscharfen Rändern und dass sie es nicht genau zuordnen könne, dass es durchaus harmlos sein könne und sie nur sichergehen wolle, wir es daher weitergehend untersuchen lassen müssten. Ich nickte und dachte, wir machen das irgendwann einmal. Sie ging jedoch direkt zum Telefon, mit einem gefassten Ernst, den ich selten an ihr sehe, und wählte ein paar Nummern. Es war Freitagmittag, doch sie schaffte es, einen Termin zu vereinbaren. Für jetzt gleich. Ich saß stumm dabei und sah auf meine Hände, die in meinem Schoß lagen. Mir war, als würden sich die Bilder meines eigenen Lebens und die eines Kinofilms überlagern. Die meines eigentlichen Lebens wurden unmerklich blasser und blasser, bis die Kinobilder regierten. In diesem Film drückte sie mir ein paar Zettel in die Hand, gab mir eine Adresse, empfahl mir, ein Taxi zu nehmen und in das Krankenhaus zu fahren, das auf dem Zettel stand. »Welches?«, fragte ich, als könnte ich von meinem Kinosessel aufstehen und den Saal verlassen. »Das hier«, sagte sie und nahm meine Hand mit dem Zettel hoch, sodass die Adresse direkt vor meinen Augen stand. Ich sah nichts. »Gib den Zettel dem Taxifahrer«, sagte sie, »der fährt dich hin. Ich komme in einer halben Stunde nach.« Die Figur in meinem Film nahm ihre Jacke von der Stuhllehne, nickte und lief ein paar Schritte Richtung Tür, in den Flur, in den Fahrstuhl, aus dem Haus und stand dann auf einer sechsspurigen Straße mitten in Berlin. Gedanken wie Trommelwirbel. Keine klaren, dafür viele. Im Krankenhaus eine freundliche Sekretärin mit sanfter Stimme, eine Ärztin, die sofort das Wichtigste in die Wege leitete und meine Freundin, die meine Hand hielt, als drei dicke Nadeln in meine Brust stachen. Meine schönen Brüste, dachte ich, ich habe euch immer so geliebt. Die Nadeln entnahmen Gewebe, das wurde eingeschickt, und nun konnten wir nichts weiter tun als warten. Der Ultraschall zeigte schon: gutartig war das nicht, was wir da sahen. Unter dem Schock spürte ich Dankbarkeit, dass alles so schnell gegangen war. Was für ein Glück, was für ein Luxus. Für meine Flüchtlingsfrau musste ich erst mehrere Anrufe machen, wenn sie krank war. Ich musste bitte, bitte sagen, viele Worte verlieren, sie musste Zeit mitbringen und geduldig sein. Ob sie dann ausreichend behandelt wurde, stand jedes Mal wieder in den Sternen. Ich habe eine Krankenversicherungskarte. Meine Flüchtlingsfrau nicht.

Am Abend lag ich auf meinem Sofa, und der Druck des Tages entlud sich mit Tränen. Mein Vater rief an, hörte zu, zeigte sein Mitgefühl, und Freude zog wie Nebelschwaden in mein Herz. Das hatte er nicht immer schon gekonnt. Dann erinnerte mich mein Vater an die Methode, die ich so liebe. Er sagte:

»Kannst du wirklich wissen, dass alles, was du da jetzt über deine Zukunft glaubst, auch so stimmt? Kannst du wirklich wissen, dass das so kommen wird?«

Kaum waren diese Worte bei mir angekommen, befiel mich eine herrliche Ruhe. Mir wurde warm, mein Körper entspannte sich, ich sank in die Kissen meines Sofas. Ohne dass ich mir meiner stressigen Glaubenssätze überhaupt bewusst gewesen wäre, hatte mir allein diese Frage der Work den Raum zur Freiheit geöffnet. Was kann ich wirklich wissen? Ja, ich glaube manchmal, mir einer Sache sicher sein zu können – aber ist diese Sicherheit nicht eher eine Illusion? Es war, als würden alle Gedanken von mir abspringen. Keine Geschichte mehr in meinem Kopf, auch keine undeutliche. Stille. Frieden. Ich dankte meinem Vater und hatte das Gefühl, frei zu sein. Ich weiß nichts. Nicht, wie diese Krankheit weitergeht, nicht, wie lange ich noch leben werde. Ich kann nicht sicher wissen, ob es mir schlecht gehen wird. Vielleicht geht es mir ja sogar besser? Ohne all das zu wissen, tat es gut, für diese Umkehrung offen zu sein.

Einen Monat später tauchte dieser Gedanke doch wieder auf. Der Tumor war herausoperiert, und alle Befunde lagen vor. Aufgrund der Aggressivität des Tumors und seiner erhöhten Fähigkeit, seine Information an alle anderen Zellen des Körpers weiterzugeben, entschied ich mich, der Empfehlung der Schulmediziner zu folgen. Meine Homöopathin, eine studierte Ärztin, war auch dafür. Das bedeutete: ein halbes Jahr Chemo, dann nochmal operieren, dann Bestrahlung. Es sah aus, als hätte ich ein ganzes Jahr damit zu tun. So, wie die Ärzte nochmal operieren wollten, wollte ich mir diesen Gedanken nochmal genauer ansehen.

Es wird mir schlecht gehen. *Ist das wahr?*

Wenn ich jetzt glaube, dass es mir zu einem späteren Zeitpunkt schlecht gehen wird, dann geht es mir jetzt schlecht. Obgleich es mir jetzt gerade gut gehen könnte, denn ich fühle keinen Schmerz und die Behandlung hat noch gar nicht begonnen. Ich kann nicht wissen, ob es mir schlecht gehen wird.

Wie reagiere ich, was passiert, wenn ich diesen Gedanken glaube?

Wenn meine Gedanken in die Zukunft wandern und sich dort ein Jammertal ausmalen, wird mein Blick trübe. Ich kann die Nebenwirkungen der Chemo jetzt schon spüren. Irgendwie fühle ich mich matt, und übel ist mir auch. Ich sehe Bilder vor mir von Krankenhausfluren, ausgemergelten Patienten, Gesichtern ohne Haare, Wimpern und Augenbrauen. Ich sehe eine kraftlose Zeit und fühle mich kraftlos. Wenn ich glaube, dass es mir schlecht gehen wird, denke und fühle ich nicht in Möglichkeiten. Sie sind da, und ich sehe sie nicht. Meine Aufmerksamkeit liegt auf dem Kraftlosen. Und ich spüre, wenn ich diesen Gedanken glaube, will ich das »schlecht gehen« nicht haben. Ich lehne es auf subtile Weise ab. Wie fühlt es sich an, wenn ich etwas nicht erleben will, was aber geschehen könnte? Immer, wenn ich daran denke, dass es passieren könnte, spüre ich diese Schwäche. Ein Winseln: »Nein, bitte nicht! Nicht das! Nicht mir! Das soll nicht geschehen!« Wenn ich es ablehne, verliere ich, sobald diese Sache in meinen Gedanken auftaucht, meine Kraft.

Wer wäre ich ohne diesen Gedanken?

Die Befunde liegen alle vor, ich habe mich für Chemo, eine zweite OP und die Bestrahlung entschieden, und in mir gibt es keinen Gedanken, der mir sagt, dass es mir schlecht gehen wird. Wer wäre ich jetzt in der Abwesenheit dieses Gedankens?

Erst einmal würde es sich jetzt in diesem Moment unbelasteter anfühlen. Das wäre ein Moment, in dem ich wach bin, präsent und mich gut spüren kann. Ich kann fühlen, was mir guttut und was nicht. Dieses Spüren ist wie ein Leitfaden, an dem ich nur langzugehen brauche. Ich kann jetzt nicht für später entscheiden. Das geht immer nur im Augenblick. Ergo muss ich jetzt nicht alles im Detail planen oder wissen. Bin ich gut im Kontakt mit mir, nehme meine Impulse ernst, dann spüre ich in sehr vielen Fällen genau, wo es langgeht. Das ist also alles, was es braucht. Ohne den Gedanken, es wird mir schlecht gehen, geht es mir jetzt gut.

Ich habe mich für diesen Behandlungsplan entschieden, mich über Risiken informiert und Profis hinzugezogen, die die Nebenwirkungen lindern können. Jetzt kann ich es mir gut gehen lassen. Jetzt kann ich in Ruhe abwarten, bis es mir wirklich schlecht geht. Wer weiß, vielleicht ja nie? Oder nur mal kurz? Ohne den Gedanken bin ich nicht in furchtsamer Erwartung. Ich verkrampfe mich nicht schon mal vorsorglich. Ich mache das Gegenteil. Ich genieße mich und mein Leben, ich lasse alles fließen, bin bereit, alles zu spüren, was kommt. Schönes Leben.

Es wird mir nicht schlecht gehen,
ist eine Umkehrung. Auch das kann ich natürlich nicht wissen, auch da bin ich mit meiner Vorstellung in der Zukunft.

Aber wenn ich schon mit meinen Gedanken vorauseile, dann könnte ich doch auch liebevoll vorausschauen und mir einen günstigen Fortgang der Geschichte ausmalen. Denn der ist ja ebenso möglich. Welche Beispiele fallen mir dafür ein, dass es sein könnte, dass es mir nicht schlecht gehen wird?

1. Bei meinen Recherchen zum Thema Chemo habe ich herausgefunden, dass zum einen Menschen die Chemo unterschiedlich gut vertragen und es zum anderen im Verlauf der Behandlung immer nur einzelne Tage sind, an denen es den Patienten schlecht geht (oder schlecht gehen könnte). Innerhalb der sechs Monate Chemo sind es also eventuell zwanzig Tage. Vielleicht weniger. Das ergibt ein ganz anderes Bild, als wenn ich allgemein und undifferenziert glaube, dass es mir während der sechsmonatigen Anwendung schlecht gehen wird.

2. Dann ist es möglich, die Nebenwirkungen zu lindern. Die Schulmedizin hat was gegen die Übelkeit, die Homöopathin was gegen das eventuell auftretende Taubheitsgefühl in den Gliedmaßen und meine Gynäkologenfreundin kann mit Akupunktur und traditioneller chinesischer Medizin die meisten Nebenwirkungen erträglicher machen.

3. Ich habe die Work, sollte ich in dem Prozess irgendetwas nicht so nehmen können, wie es ist.

4. Und es gibt noch so viel mehr Möglichkeiten, nach denen ich noch gar nicht geschaut habe. Sollte irgendetwas schwierig werden, kann ich mich daraufhin ganz gezielt nach anderen Möglichkeiten umsehen.

5. Ich habe angefangen, meine Ernährung auf krebshemmende Nahrungsmittel auszurichten, und es stärkt mich, dass

ich damit aktiv etwas tun kann. Mit Sport kann ich auch dazu beitragen, dass es mir während der Behandlung besser geht. Darauf freue ich mich schon richtig, denn Sport habe ich vorher öfter mal ausfallen lassen, weil noch dies und das zu tun war. Und das, obwohl mir Bewegung immer guttut und sogar meine Laune nochmal um einiges hebt. Nun ist er auf der Prioritätenliste ganz nach oben gerückt. Wunderbar! Anderes darf sich dafür jetzt hintenanstellen.

6. In den letzten zehn Jahren habe ich eine Suchmaschine in mir entwickelt, die stets nach dem Nützlichen, Praktischen und Liebevollen sucht. Vor zwanzig Jahren war diese Suchmaschine noch stark auf das Problematische ausgerichtet, und entsprechende Ergebnisse hat sie mir dann auch immer ausgespuckt. Durch die Arbeit mit The Work sehe ich heute schnell die Vorteile, die in allem stecken. Und sollte ich sie mal nicht gleich erkennen, halte ich es dennoch für möglich, dass es sie gibt und richte mich darauf aus, sie zu finden.

7. Ich kann feiern. Ich kann die vielen Möglichkeiten feiern, die ich habe, um zu gesunden. Ich kann feiern, dass ich nicht im Zeitalter von Aderlass und Behandlungen mit Seilwinden lebe. Ich kann feiern, dass die Chemo heute schon viel milder verläuft als noch vor zehn Jahren. Selbst den Haarausfall kann ich feiern. Bei unserem letzten Mädelsabend haben wir beschlossen, den Prosecco das nächste Mal im Perückenladen zu trinken. Wir bereiten uns auf eine Perückenparty vor. Eine Glatze hatte ich auch noch nie und bin gespannt, wie sich das anfühlt.

Als ich für die OP im Krankenhaus war, saß ich früh um sieben in dem berühmten Krankenhauskittel auf dem Bett, in dem ich in den OP gefahren werden sollte. Es klopfte, ein Pfleger trat ein, und ich sagte: »Guten Morgen« und reichte ihm die Hand. Irritiert fragte er zurück: »Sie geben mir die Hand?« Nun war die Irritation auf meiner Seite. »Normalerweise bin ich hier immer der Böse, der die Patienten in den OP fährt.« »Hm, sagte ich, ich will diese OP. Ich habe mich dafür entschieden, und ich danke Ihnen, dass Sie mich hinfahren!« Unsere Fahrt in den OP war vergnüglich für uns beide. Ich habe sogar das Anfluten des Narkosemittels gefeiert und den Anästhesisten gebeten, es schön langsam in mich hineinfließen zu lassen, damit ich möglichst viel davon mitbekomme. Ich liebe dieses Gefühl des Wegdriftens.

Es wird mir gut gehen,

ist eine weitere Möglichkeit, den Gedanken umzukehren. Gefühlt ist diese Umkehrung sehr nah an der Umkehrung davor: Es wird mir nicht schlecht gehen. Kann ich einen leichten Unterschied wahrnehmen? Öffnet mir diese Umkehrung die Tür für andere Beispiele? Ich wische diese Umkehrung nicht gleich vom Tisch, nur weil sie auf den ersten Blick nicht so ertragreich scheint. Ich lehne mich zurück und gebe allen Umkehrungen erstmal eine Chance.

Was mir als Erstes kommt, ist: Noch nie ging es mir seelisch so gut wie jetzt. Ich habe immens viel Unterstützung und Liebe bekommen, dass ich jeden Tag aufs Neue gerührt bin. Niemand war mehr hart oder fordernd zu mir, im Gegenteil. Man war nachsichtig, aufmerksam, hilfsbereit und liebevoll. Und das in einer Weise, dass ich mich heute zu meiner Masseuse und Freundin habe sagen hören: »Ich liebe es, diesen Krebs zu haben.« Ich halte mich im Kontakt mit Menschen nicht mehr vornehm zurück. Ich sage und zeige ihnen meine Liebe, und wenn ich mich mit jemandem nicht wohlfühle, dann bleibe ich nicht. Ich finde keine Ausflüchte oder harre aus, so lange es der Anstand gebieten würde. Das tue ich mir nicht mehr an. Und auch ich selbst bin nicht mehr streng oder fordernd. Weder zu mir, noch zu anderen. Die umfassende Selbstliebe ist ausgebrochen, und niemand sagt, ich sei ein Egoist. Mein Herz ist weit offen, alles erscheint mir so kostbar. Ich erlaube mir »Dummheiten«, »Nutzloses« und »Spielereien«. Ich ruhe mich viel mehr aus und komme schneller zum Punkt. Ich arbeite selbst wieder viel mit der Work, und mein Geist dehnt und streckt sich. Das wohlige Körpergefühl folgt.«

Die äußerste Form der Umkehrung für meinen ursprünglich stressigen Gedanken könnte lauten:

Das wird die beste Zeit meines Lebens (und die muss nach der Heilung nicht aufhören).

Ich lache. Was für eine wunderbare Umkehrung. Allein diesen Gedanken mal zuzulassen und eine Weile damit schwanger zu gehen ist angenehm, belustigend und erfrischend. Und ich erinnere mich an eine krebskranke Frau, die ich vor ein paar Jahren länger mit The Work begleitet habe und die kurz vor ihrem Tod sagte, diese zwei Jahre, in denen sie sich von ihren stressigen Gedanken befreit habe, waren die schönsten in ihrem Leben.

Gehe ich davon aus, dass jetzt die beste Zeit meines Lebens ist oder dass sie direkt vor mir liegt, dann erwarte ich nicht nur etwas Angenehmes, sondern etwas Großartiges. Alle meine Sensoren sind auf Empfang. Das allein könnte schon genügen, ohne dass im Außen noch etwas Bombastisches geschehen muss. Bin ich in freudiger Erwartung, offen für all die Herrlichkeiten dieser Welt, nehme ich sie auch mehr wahr, lade sie förmlich ein. Es geht mir gut, meine Schwingung ist hoch. Dadurch ziehe ich Menschen, Dinge und Situationen an, die auch eine hohe Schwingung haben. Dieser Weg kann die Zeit, in der ich gerade lebe, immer zur besten Zeit meines Lebens machen.

Nach dem Schreiben dieser Geschichte hatte ich mir vorgenommen, auf einen Augenblick zu warten, in dem es mir in diesem Prozess wirklich schlecht ging und das dann mit dem Glaubenssatz »Es geht mir schlecht« zu überprüfen. Nun war es also so, dass ich auf solch einen Moment quasi gelauert habe. Wie ein Krokodil, das den ganzen Tag im Wasser liegt und aussieht wie ein lebloser Stein, bis es plötzlich zuschnappt. Wann immer sich so ein Moment heranpirschte oder ich ihn bemerkte, fragte ich mich also: Ist das jetzt der Moment? Geht es mir jetzt schlecht (ist das wahr)? Ist dieser Moment schon der auserkorene, an dem die Work stattfinden soll? Und jedes Mal war die Antwort: Nein. Ich wollte auf einen Moment warten, an dem ich mit Fug und Recht sagen konnte: Es geht mir schlecht. Nun, was dabei herauskam, war, dass es in der ganzen Behandlungszeit nicht einen einzigen Moment gab, an dem es mir so schlecht ging, dass es für die Work gereicht hätte. Ergo: Es war nicht wahr, es ist nicht eingetreten. Es ging mir nicht schlecht.

Kurz bevor ich das Manuskript abgeben musste, hatte ich einen großen Teil der Chemo hinter mir, und das Ende war in Sicht. Wie war es denn bis hierher gewesen? War es mir schlecht ergangen? Oder gut? Oder hatte ich die beste Zeit meines Lebens gehabt?

Ich würde sagen, es war alles dabei. In jedem Fall war es eine intensive Zeit in der ich Dinge erlebte, die ich vorher nicht erlebt habe. Ja, es ging mir schlecht am Tag der Chemo selbst – und die Art, wie sie mich in die Knie zwang, hatte durchaus etwas Süßes. Ich konnte nichts tun als aufzugeben, nichts als mich dem, was da passierte, hinzugeben. Das war ein starkes Erlebnis. Und auch die Hilfe, die meine Mutter und Freunde mir angedeihen ließen, hat in diese Momente eine Innigkeit fließen lassen, mit der ich mir schon wieder nicht ganz sicher bin, ob ich wirklich sagen kann: Es ging mir schlecht. Jedenfalls nicht ausschließlich.

Wann ging es mir gut? Oh, es ist einfach herrlich, wenn der Schmerz nachlässt. Und es ging mir gut, wenn ich spazieren war, nach einer Weile sogar wieder längere Strecken mit dem Fahrrad fahren konnte, es Essen gab, welches gut schmeckte *und* das mein Magen gut vertragen hat.

Es ging mir gut, da ich manchmal diese ganze Geschichte glatt vergessen konnte. Erst der Ausdruck in den Augen anderer oder ihre mitfühlenden Fragen erinnerten mich wieder daran, dass ich gerade in Behandlung war. Es ging mir immer gut, wenn ich mir erlaubt habe, schwach zu sein. Es ging mir immer gut, wenn ich mir erlaubt habe, das zu sein, was ich halt gerade bin. Die Gefühle zuzulassen, die gerade in mir spürbar sind und nicht gegen sie zu sein. Es ging mir gut beim Schreiben dieses Buches, denn Schreiben zieht mich in einen Flow.

Und war es die beste Zeit meines Lebens? An dieser Stelle kann ich nicht sofort JA sagen. Ich schließe die Augen und gehe in mich.

Es war insofern die beste Zeit meines Lebens, als ich so offen war, dass ich mit Menschen und Dingen in Kontakt gekommen bin, die ich in meinem normalen Leben so nicht hereingelassen hätte. Mein Verstand war nicht so schnell dabei, etwas Unbekanntes abzulehnen. Alles wurde neugierig beäugt und erst einmal für möglich gehalten. Ein schönes Gefühl.

Es war, als hätte ich einen schweren Verkehrsunfall überlebt, nach dem ich eigentlich hätte tot sein müssen. Aber nein – ich habe überlebt, und mir wurde ein weiteres Leben geschenkt. Ein Leben, das mir kostbar erscheint, von dem ich jeden Tropfen aufsaugen möchte, kosten, schmecken und genießen. Wenn ich zurückdenke, erinnere ich mich an keine »beste Zeit meines Lebens«, in der alles nur »gut« war, nur schön, nur großartig. Es sei denn, ich kann sehen, dass tatsächlich alles gut ist, so wie es ist. Das Schwere ist gut und das Leichte auch. Ein Wohlgefühl ist gut und Schmerz auch. Ein Gewinn ist genauso gut wie ein Verlust, und mein Verstand hört damit auf, in »gut« und »schlecht« zu denken. Er weiß aus Erfahrung, dass in allem beides wohnt. Freilich, wenn ich von meiner schmerzlichen Geschichte gefangen bin, kann es ein wenig dauern, bis ich den freundlichen Anteil sehen kann. Dennoch ist er auch da, wenn ich ihn nicht sehe.

Jede Zeit ist die beste Zeit. Immer die beste Zeit für den jetzigen Moment. In jedem Fall ist JETZT die beste Zeit, um mich selbst zu spüren und mir zu erlauben, mich selbst zu lieben.

18 Selbstliebe

Ich muss mich erst ändern, bevor ich mich lieben kann

*I*ch sitze an meinem Schreibtisch und habe Kerstin auf dem Bildschirm meines Computers. Kerstin ist achtundvierzig Jahre alt. Sie ist bedrückt.

»Ich möchte mich gern lieb haben. Ich möchte andere lieb haben, und lieb gehabt werden möchte ich auch. Liebe ist doch das, was alle brauchen, oder? Ohne Liebe kann man nicht leben. Aber warum ist das so schwer? Irgendwie klappt das bei mir nicht…«

»O. k.«, sage ich, »fangen wir mal bei der Liebe der anderen an. Wessen Angelegenheit ist es denn, ob andere dich lieb haben? Kannst du das wirklich beeinflussen? Liegt es in deiner Macht?«

Kerstin überlegt. »Hm… mit der richtigen Manipulation könnte ich das vielleicht hinkriegen. Aber das ist ja nicht das, was ich wirklich will. Die Liebe soll ja schon echt sein.«

»Wessen Angelegenheit ist es also, ob andere dich lieb haben?«

»Das ist blöd, aber das ist die der anderen Menschen. Vielleicht hängt, ob sie mich lieb haben oder nicht, überhaupt nicht von mir ab, sondern nur von dem, was sie sehen. Oder sehen können.«

»Ja, und wie fühlt es sich an, gedanklich in der Angelegenheit der anderen zu sein? Zu wollen, dass sie dich lieben und du kannst das aber gar nicht beeinflussen?«

»Doof. Anstrengend. Ich versuche die ganze Zeit, etwas von den anderen zu bekommen, etwas aus ihnen herauszulocken, sie zu etwas zu bewegen. Ich bin total unfrei. Und irgendwie ist es auch den anderen gegenüber nicht freundlich. Ich lasse sie auch nicht frei. Meine Güte, jetzt wird mir erst bewusst, was für ein Gezerre das ist. Ich will, dass sie mich lieb haben und habe sie selbst nicht lieb. Ich will da was erzwingen. Mist.«

»Wie könntest du den anderen denn begegnen, wenn du nicht mit dem Gedanken beschäftigt wärest, dass sie dich lieb haben sollen?«

»Oh, hm ... Das würde sich freier anfühlen. Leichter. Die anderen könnten sein, was sie sind. Und ich wäre ich. Kein Gezerre.«

»Und wie wäre das? Ohne Gezerre?«

»Gut. Das wäre sehr schön. In diesem Freilassen steckt viel Liebe drin. Ich kann die anderen überhaupt erst einmal wahrnehmen, wenn ich nicht dauernd etwas von ihnen will. Ich merke jetzt, dass das mit meinem ganzen Wollen gar nicht ging. Das hat mir die Sicht verstellt. Und ich glaube, ohne Gezerre mag ich mich auch lieber.«

»Wie fühlt es sich denn an, wenn du dich selbst lieber magst?«

»Tja, wie fühlt sich das an… Schwer zu sagen… Keine Ahnung. Eben war das Gefühl mal ganz kurz da. Hm, ja, nun ist es wieder weg. Und ich meine, wie soll ich mich denn auch lieb haben können? Eben hab ich ja schon wieder was Ungünstiges über mich herausgefunden. So wie ich jetzt bin, geht das nicht. So kann ich mich nicht lieben. Ich bin leicht reizbar, mache dauernd Fehler, vergesse viel. Das ist doch nicht liebenswert. Ich verletze andere mit dem, was ich sage. Ich merke das selbst gar nicht. Ich bin noch nicht mal besonders ansehnlich, dann würde ich mir vielleicht das eine oder andere verzeihen. Ich bin der Welt zu nichts nütze. Außer, dass ich konsumiere und damit zum Erhalt des Systems beitrage…«

Ich frage Kerstin nach ihrer Idealvorstellung von sich selbst. Wir alle haben so ein ideales Selbstbild in uns, das uns anspornen kann, wenn es erreichbar ist und wir einen freudigen Weg dorthin wählen. Habe ich eine unerreichbare Vorstellung von dem, was ich sein oder tun müsste, sind Stress und Angst die Folge.

»Wie müsstest du denn sein, damit du dich lieben kannst?«

»Also, zuerst einmal müsste ich etwas zu geben haben. Ich müsste ein freundlicheres Wesen besitzen, und eine Inspirationsquelle für andere sein. Auf wenigstens irgendeinem Gebiet. Ich müsste ausgeglichen sein und körperlich irgendwie schöner. So, dass ich mich selbst gern ansehen würde und andere daran auch Freude hätten. Und ich müsste mit diesem Gezerre um Liebe aufhören können.«

»Verstehe. Du glaubst also, dass du dich erst ändern musst, bevor du dich lieben kannst?«

»So ist es.«

»Und ist das wahr?

Musst du dich erst ändern, bevor du dich lieben kannst?«

Kerstin nimmt sich einen Moment Zeit für die erste Frage der Work und sagt dann: »Ja. Das ist wahr.«

»Kannst du das mit absoluter Sicherheit wissen? Kannst du dir wirklich einhundertprozentig sicher sein?«

»Hm. Nein. Einhundertprozentig nicht.«

»Und wie reagierst du, was passiert, wenn du den Gedanken glaubst?

Dies ist die dritte Frage der Work. »Wie reagierst du immer dann, wenn du glaubst, dass du dich erst ändern musst, bevor du dich lieben kannst?«

»Ach, ich reagiere mit Traurigkeit und Antriebslosigkeit. Es scheint so aussichtslos. Ich versuche schon so lange, mich zu ändern. Es ist, als würde ich vor einem Riesenberg stehen und hätte kein Equipment dabei. Ich komme da nicht hoch. Ich verzweifle daran. Weder schaffe ich es, mich zu ändern, noch kann ich mich lieben. Schachmatt.«

»Wie behandelst du dich selbst, wenn du deinen Gedanken glaubst?«

Das ist eine mögliche Unterfrage zur dritten Frage der Work. »Wie gehst du mit dir selbst um, wenn Du glaubst, dass du erst ausgeglichen, schöner und inspirierend sein musst, bevor du dich lieben kannst?«

»Das ist, als würde ich die ganze Zeit mit der Peitsche hinter mir stehen. Ich nörgle ständig an mir rum. Das kostet so viel Kraft. Ich hab dauernd schlechte Laune, mir gelingt nichts, noch nicht mal der Lachs in der Pfanne. Wenn ich da nur mit halber Aufmerksamkeit dabei bin, brennt er an, und das nervt dann auch wieder...« Kerstin lacht. »Ich bin so was wie dauergrantig. Unzufrieden.«

»Und wie behandelst du andere Menschen, wenn du glaubst, dass du dich erst ändern musst, bevor du dich lieben kannst?«

»Bei meinen Kollegen gehe ich schon davon aus, dass ich für sie eine Plage bin. Und um nicht eine Riesenmegaplage zu sein, lache ich, wenn jemand einen Witz macht oder sage »Ja«, wenn sie mir noch mehr Arbeit hinlegen. Hinterher ärgere ich mich dann über sie. Und natürlich über mich! Mit Freunden bin ich extrem vorsichtig, damit ich ihnen nicht mit einer unbedachten Äußerung auf den Schlips trete. Ich bin gar nicht richtig locker und traue ihnen nicht zu, dass sie mich wirklich mögen, so wie ich bin. Auch wenn ich mich mal zu einer unbedachten Äußerung hinreißen lasse. Ich will Freunde haben, und es ist schön, sie zu sehen, aber ich bin nach solchen Abenden oft richtig fertig. Das strengt an.«

»Und in wessen Angelegenheit befindest du dich, wenn du glaubst, dass du dich erst ändern musst, bevor du dich lieben kannst?«

»Na, in meiner.«

»Hm, nur weil da ›ich‹ im Satz steht, ist noch nicht klar, dass es auch deine Angelegenheit ist. Deine Angelegenheit ist es, wenn du es wirklich tun kannst, wenn du in dieser Sache handeln kannst. Kannst du dich denn ändern? In diesem Augenblick, wo du dich gern anders hättest? Geht das?«

»Ähm, nein. Es geht ja sogar längerfristig nicht wirklich. Und mit der Peitsche sowieso nicht.«

»Liegt es also in deiner Hand? Ist es deine Angelegenheit?«

»Nicht?«

»Schau mal.«

»Jemand anders kann mich doch auch nicht ändern. Wer soll das denn machen, wenn nicht ich?«

»Ja, es sieht so aus, als könntest nur du es tun. Und kannst du es denn in dem Moment? Ist es dir möglich?«

»Nein.«

»Also ist es in dem Moment nicht deine Angelegenheit. Oder?«

Kerstin sitzt eine Weile in Stille da und schaut in die Luft. Dann lacht sie.

»Ja, das ist nicht ganz leicht zu verstehen, aber nun dämmert es mir. Vielleicht ist es einfach nur wichtig zu sehen, dass ich es nicht von mir zu verlangen brauche, da es in dem Moment nicht geht. Ich kann es einfach nicht tun. Selbst wenn ich noch so sehr wollen würde.«

Immer wieder erkenne ich mit The Work, wie profund die Erkenntnisse sein können, wenn derjenige, den ich begleite, sie selber findet. Ich stelle nur die Fragen. Ich gebe keine Ratschläge und Tipps, die nachher schnell wieder verpuffen. *»Wer wärest du ohne deinen stressigen Gedanken?«*, lautet die vierte Frage der Work.

»Wer wärst du, wenn du nicht glauben würdest, dass du dich erst ändern musst, bevor du dich lieben kannst?«

Kerstin lehnt sich zurück und schließt die Augen. So sitzt sie eine Weile, schüttelt dann den Kopf und sagt: »Keine Ahnung. Kann ich mir nicht vorstellen.«

In so einem Fall kann ich ihr etwas Hilfestellung geben. »Stell dir vor, dieser Gedanke wäre aus deinem Gehirn gelöscht, einfach nicht mehr vorhanden« oder: »Das Schlüsselwort, also ›ändern‹ wäre aus dem Duden entfernt. So etwas wie ›sich ändern‹ wäre für niemanden mehr denkbar.« Oder: »Stell dir vor, du hast ein dringendes Bedürfnis, großen Hunger zum Beispiel, und hast nur Gedanken über Essen im Kopf. Wer wärest du in dem Moment ohne die Idee, dass du dich erst ändern musst, bevor du dich lieben kannst?«

Kerstin schlägt die Augen auf: »Wenn es gar nicht möglich wäre, sich zu ändern, und das für niemanden, dann wäre ich frei. Dann hätte ich diesen Gedanken auch nicht. Dann würden sich die Menschen so nehmen, wie sie sind, oder sie würden sich aus dem Weg gehen. Fertig. So einfach. Ohne den Gedanken hätte ich keinen Druck. Ich würde nicht über mich nachdenken.« Kerstin bricht in Lachen aus. »Oh Mann, was für eine Erleichterung! Nicht mehr über mich nachdenken! Da wird viel Zeit frei!« Kerstin hält sich den Bauch. »Was ich damit alles machen könnte!« Sie kichert noch ein bisschen und wird dann wieder ernst. »Ohne den Gedanken wäre ich lebendig. Ich würde viel mehr mitbekommen, da ich nicht dauernd mit Denken beschäftigt wäre. Ich könnte mich wahrnehmen, ohne dass auch nur die leiseste Kritik auftauchen würde.« Kerstin stöhnt: »Das ist ein ganz neues Gefühl. Mein Leben ohne Kritik an mir.«

»Wie wäre denn dein Leben ohne Kritik an dir?«

»Hui … Ich stelle mir gerade vor, mein Leben ist ein Film. Ich lebe ein Stück, und wann immer Kritik auftauchen will, schneidet der Cutter das Stück raus. Das ist lustig. Dann lebe ich einfach. Leben, leben, leben. Das ist so simpel. Ohne Kritik an mir darf ich einfach da sein. So, wie alle anderen auch.«

Kerstin schwelgt eine Weile in dem neuen Lebensgefühl, dann schleichen sich Bedenken ein: »Aber entwickle ich mich denn dann noch? Wenn ich alles einfach nur gut finde?«

»Wenn du einfach da sein darfst, wie du gerade gesagt hast, kannst du da nicht trotzdem wahrnehmen, was sich gut anfühlt und was nicht? Auch ohne dass du mit der Peitsche hinter dir stehst?«

»Ja, stimmt. Kritik zieht mich runter. Aber vor der Kritik kommt ja noch das Bemerken, dass etwas nicht so gelaufen ist. Das reicht ja eigentlich auch aus, oder?« Kerstin schaut mich an. »Wie ist das denn bei dir?«

»Ich habe mich früher auch viel kritisiert. Da konnte eine Kleinigkeit passieren, die, sagen wir, eine Minute gedauert hat. Und fertig machen konnte ich mich dafür tagelang. Manchmal noch länger. Heute weiß ich, dass ich mir ja nicht alles, was ich tue, wohl überlegen kann. Ich agiere und reagiere in einer unkontrollierbaren Geschwindigkeit, und wenn ich es bemerke, ist es schon geschehen. Wenn ich etwas getan habe, was mir im Nachhinein nicht gefällt, dann habe ich das getan, weil ich etwas Bestimmtes glaubte. Vielleicht ist mir dieser Glaubenssatz nicht bewusst, und ich agiere aus meinem Unbewussten. Sollte ich mit meinem Handeln jemanden verletzt haben, kann ich mich natürlich entschuldigen. Und ich verstehe solche Vorkommnisse immer als eine Gelegenheit, die tatsächliche Ursache meines Handelns zu finden. Das sind meine Überzeugungen, Meinungen, Befürchtungen, kurz: meine Glaubenssätze. Die kann ich finden und mit The Work überprüfen. Mich für mein Handeln zu schelten empfinde ich nicht mehr als sinnvoll, da sich dadurch nichts zum Guten wendet und ich beim nächsten Mal wieder so reagiere, wenn ich meine alten Glaubensmuster noch habe. In dem Moment, wo es geschieht, kann ich es nicht ändern. Ich kann mich längerfristig und mit Freude auf eine Veränderung ausrichten, und wenn ich mit mir liebevoll bin, ist die gewünschte Veränderung am wahrscheinlichsten. Kannst du etwas damit anfangen?«

»Oh ja«, sagt Kerstin. »Das finde ich sehr anschaulich. Kannst du das mal irgendwo niederschreiben? In deinem neuen Buch vielleicht?«

Ich verspreche es ihr.

Du musst dich nicht erst ändern, bevor du dich lieben kannst,
ist die Umkehrung ins Gegenteil. »*Könnte das auch wahr sein?*«

»Ja, könnte auch sein.«

»Hast du dafür ein Beispiel?«

»Ja, jetzt gerade.« Kerstin lacht. »Jetzt habe ich mich ja auch noch nicht geändert, und ich habe das Gefühl, dass ich mich schon wesentlich lieber mag, seit wir miteinander sprechen.«

»Gut, hast du noch ein Beispiel? Wieso musst du dich nicht erst ändern, bevor du dich lieben kannst?«

»Na ja, weil es gar nicht geht. Dieser Druck hinter dem »mich ändern müssen« verhindert, dass sich was ändert. So fühlt sich das jedenfalls an. Wenn ich das zur Bedingung mache, dann kommt der Tag nie, an dem ich mir erlaube, mich zu lieben. Und das wäre nicht so schön. Vielleicht ist es eher so, dass ich mich erst lieben muss, bevor ich mich ändern kann?«

Ich muss mich erst lieben, bevor ich mich ändern kann,
ist eine weitere Umkehrung. Manchmal scheint das »muss« in der Umkehrung zu stören. Man wünscht sich da ein liebevolleres, zärtlicheres Wort. Aber da der stressige Gedanke dieses Wort enthielt, würde ich es in der Umkehrung nicht verändern.

»Kannst du mir ein Beispiel geben, wieso du dich erst lieben musst, bevor du dich ändern kannst? Vielleicht ein konkretes aus deinem Leben, wo du dich ändern konntest, weil du dich geliebt hast?«

Kerstin lehnt sich zurück und überlegt eine Weile. »Also vor einem Jahr ungefähr saß ich mit Freunden in der Küche und habe einen Witz gerissen, den ich selbst echt lustig fand. Nachdem ich eine Weile gelacht hatte, ist mir aufgefallen, dass die anderen irgendwie peinlich berührt waren. Sie haben dann das Thema gewechselt, und ich konnte in mich gehen. Ich hatte schon ein Gläschen Wein getrunken und fand meinen Witz immer noch lustig. Irgendwie konnte ich in dem Moment zu mir stehen. Das ist vielleicht noch nicht Liebe, aber doch Zuneigung. Im weiteren Verlauf des Abends konnte ich ganz unbefangen dort sitzen und mich weiter unterhalten. Nicht wie sonst, wenn ich mich dafür schelte und dann den ganzen Abend nicht mehr genießen kann.«

Für den Verstand ist es ungeheuer hilfreich, wenn ich ein konkretes Beispiel finden kann. Eines, das ich tatsächlich erlebt habe und das ich deshalb wirklich gelten lassen kann. Bleibt mein Beispiel allgemein oder schwammig, kann der Verstand es oft nicht als hilfreiches Beispiel für die Umkehrung einstufen und somit erkenne ich den Wahrheitsgehalt der Umkehrung nicht vollständig.

»Fällt dir noch ein Beispiel aus deinem Leben ein, wo du dir diese Zuneigung oder Liebe geben konntest und du dich dadurch geändert hast?«

»Ja, mir fällt noch ein, dass ich letzten Sommer mal wieder abnehmen wollte. Ich habe mir einen Plan zurechtgelegt und war sehr streng mit mir. Hab mir zu früh die Hosen angezogen, in die ich wieder reinpassen wollte. Und das hat dann gekniffen und mich verrückt gemacht. Eines Abends lag ich im Bett und habe geweint. Mir war das alles zu viel. Ich wollte nicht so aussehen, hatte aber auch keine Lust auf diese Folter. Durch das Weinen ist die ganze Strenge aus mir rausgegangen, und dann war ich den Rest der Diät freundlicher mit mir. Ich habe es mir bequem gemacht, habe mir ein paar schöne Turnschuhe gekauft, mit denen ich dann auch gern spazieren gegangen bin.«

Kerstin verstummt plötzlich, schließt die Augen und scheint dem Gesagten hinterher zu spüren. »Ja, es könnte tatsächlich so sein. Ich kann mich nur ändern, wenn ich mich selbst liebe. Wenn ich mich mit allem, was ich jetzt gerade bin, annehme. Wenn ich meine Gefühle so sein lasse, wie sie nun mal sind. Freundlich. Ich bin so, wie ich gerade bin, daran kann ich doch sowieso nichts drehen. Dann kann ich mich entspannen, so kann mein ganzer Körper sich entspannen.« Kerstin öffnet die Augen.

»Es gibt doch diesen Spruch: ›Das Gras wächst auch nicht schneller, wenn du dran ziehst.‹ Ich würde es mit meinem Ziehen nur ausrupfen und damit töten. Ich glaube, das hab ich die ganze Zeit mit mir gemacht. An mir rumgezupft.«

Ich lasse Kerstin mit dieser Erkenntnis sitzen, bis sie wieder zu mir schaut.

»Gibt es denn noch eine Umkehrung? Findest du so etwas wie das äußerste Gegenteil?«

»Ein äußerstes Gegenteil? So was wie: Ich muss mich überhaupt nicht ändern? Niemand muss sich ändern, bevor er sich lieben kann? Ja, vor allem, wenn er das gar nicht will. Dann ist ja keine Liebe dabei. Das sind ja auch nur Gedanken, dass wir uns optimieren müssen, irgendwie richtig sein müssen, das Richtige sagen müssen, andere nicht vor den Kopf stoßen dürfen und so weiter. Wenn ich mich liebe, kann ich nie wieder falsch sein. Selbst wenn mal irgendwas nicht so gut ankommt, was ich mache. Vielleicht ändere ich mich von ganz allein, wenn ich mich lieben kann. Ohne Anstrengung. Mühelos.«

Kerstin strahlt. »Na, ändern hin oder her – mit Liebe und Zuneigung zu mir selbst geht alles besser. Das ist wahrscheinlich das Einzige, worauf ich zu achten brauche.«

Urteile über deinen Nächsten • Schreibe es auf • Stelle vier Fragen • Kehre es um

Denke an eine wiederkehrende, wirklich belastende Situation, auch wenn sie nur einmal vorgekommen ist und sich seither in deinem Verstand wiederholt. Während du die unten stehenden Fragen beantwortest, gestatte dir, innerlich zu Zeit und Ort des belastenden Ereignisses zurück zu gehen. Schreibe kurze, einfache Sätze.

1. **In dieser Situation: Wer ärgert dich, verwirrt dich, macht dich traurig oder enttäuscht dich – und warum?**

   Ich bin _____ auf/wegen _____ , weil _____
   　　　　　　　Gefühl　　　　　　　　　　　　　　*Name*

   Beispiel: Ich bin wütend auf Paul, weil er mir nicht zuhört.

2. **In dieser Situation: Wie willst du, dass er/sie sich ändert? Was willst du, dass er/sie tut?**

   Ich will, dass _____
   　　　　　　　　Name

   Beispiel: Ich will, dass Paul sieht, dass er Unrecht hat. Ich will, dass er aufhört mich anzulügen. Ich will, dass er sieht, dass er sich umbringt.

3. **In dieser Situation: Welchen Rat würdest du ihm/ihr anbieten?**

   _____ sollte / sollte nicht _____
   　　Name

   Beispiel: Paul sollte einen tiefen Atemzug nehmen. Er sollte sich beruhigen. Er sollte sehen, dass sein Verhalten mich ängstigt. Er sollte wissen, dass Recht zu haben es nicht wert ist, noch einen Herzinfarkt zu bekommen.

4. **Damit *du* in dieser Situation glücklich sein kannst: Was brauchst du, dass er/sie denkt, sagt, fühlt oder tut?**

   Ich brauche von _____ , dass _____
   　　　　　　　　　　Name

   Beispiel: Ich brauche von Paul, dass er mir zuhört, wenn ich mit ihm spreche. Ich brauche von ihm, dass er sich um sich selbst kümmert. Ich brauche von ihm, dass er zugibt, dass ich Recht habe.

5. **Was denkst du über ihn/sie in dieser Situation? Erstelle eine Liste. (Erinnere dich daran, kleinlich und beurteilend zu sein.)**

   _____ ist _____
   　　　Name

   Beispiel: Paul ist unfair, arrogant, laut, unehrlich, völlig daneben und unbewusst.

6. **Was ist es bezüglich dieser Situation, das du nie wieder erleben willst?**

   Ich will nie wieder _____

   Beispiel: Ich will nie wieder erleben, dass Paul mich wieder anlügt. Ich will nie wieder sehen, dass er raucht und seine Gesundheit ruiniert.

Jetzt untersuche jede der oben genannten Aussagen mit den vier Fragen. Lass dir stets Zeit, um die tieferen Antworten den Fragen begegnen zu lassen. Kehre anschließend jede Aussage um. Für die Aussage bei Frage Nr. 6, ersetze die Worte: "Ich will nie wieder …" mit "Ich bin bereit …" und "Ich freue mich darauf …" Bis du nicht auf alle Bereiche deines Lebens ohne Angst blicken kannst, ist deine Arbeit nicht getan.

Die vier Fragen

Beispiel: Paul hört mir nicht zu.

1. Ist das wahr? (Ja oder nein. Bei nein, gehe zu 3.)
2. Kannst du mit absoluter Sicherheit wissen, dass das wahr ist? (Ja oder nein.)
3. Wie reagierst du, was passiert, wenn du diesen Gedanken glaubst?
4. Wer wärst du ohne den Gedanken?

Kehre den Gedanken um

a) Zu dir selbst (Ich höre mir nicht zu.)
b) Zur anderen Person (Ich höre Paul nicht zu.)
c) Ins Gegenteil (Paul hört mir zu.)

Finde dann mindestens drei konkrete, echte Beispiele, wie jede Umkehrung in dieser Situation für dich wahr ist.

Weitere Informationen, wie man The Work macht, findest du auf thework.com/deutsch

Unsere Leseempfehlung

256 Seiten
Auch als E-Book
und Hörbuch
erhältlich

Für die bekannte Schauspielerin Ina Rudolph begann, als sie auf „The Work" stieß, ein tiefer innerer Veränderungsprozess. In lebendigen und berührenden Geschichten erzählt sie von ihren Erfahrungen damit: Wie sich ihre Freundschaften, die Beziehung zu ihrem Lebenspartner und zu ihrer Tochter, ihre berufliche Situation nach und nach veränderten. Wie sie lernte, durchs Leben zu gehen ohne zu wissen, was als nächstes geschieht. Ein berührendes Buch, das Mut macht, einen neuen Blick aufs Leben zu werfen: Es zeigt, wie sich innere Freiheit anfühlen kann.

Unsere Leseempfehlung

448 Seiten
Auch als E-Book
erhältlich

In 15 Dialogen behandelt Byron Katie Probleme nach dem Fragenschema von »The Work«. Es geht um schwere Krankheit, um Beziehungs- und Trennungsprobleme, Ärger mit Arbeitskollegen und finanzielle Nöte. Hellwach und empathisch setzt Byron Katie Prozesse in Gang, durch die die scheinbar unlösbaren Probleme transformiert werden und in sich zusammenfallen.